大展好書　好書大展
品嘗好書　冠群可期

大展好書　好書大展
品嘗好書　冠群可期

名人選輯

3

蘇格拉底

傅　陽／主編

品冠文化出版社

蘇格拉底的簡介

蘇格拉底對現代的影響

人的一生，究竟有什麼自己最珍貴的東西，可以留給自己和後人呢？如果你被宣告只剩下今日的生命，那麼，你能不能擁有可與死亡作交換的東西呢？這樣東西又是什麼？

可以讓你以生命作為代價，而毫無怨由的付出；是不是擁有了這樣東西，我們就可深深的感受到內心的喜悅，進而追求真正的幸福呢？

以上的這些問題，蘇格拉底不僅以語言的方式，明白的告訴我們，甚至他以自己本身的生命作為實際行動的根本，明白且以實例的方法告訴了我們。

所以，當我們遇到了這些問題時，便能處之泰然的加以處理。

蘇格拉底的死因為何呢？他是不是被殺呢？關於這個問題，很多人都作過仔細的分析和探討，但卻沒有絕對的答案；他在可以逃走的時候，卻不願逃走，而願意背負著莫須有的罪名，從容的就義。

正是因為他的執著，不願意逃亡的結果，吸引住大家的注意；有人或許會問：「蘇格拉底！蘇格拉底！你為什麼不逃走呢？」因此，沈陷在這問題的沼澤中；但是，相信蘇格拉底必定是有充分的理由才對，促使他面對死亡。

帶著這樣半疑惑、半同意想法的人，如果蘇格拉底還活著的話，一定會被他反問：「你的本意究竟是什麼意思呢？」而愕然發呆。

帶著這奇特的想法，逐漸的堆積在人們的內心，而與蘇格拉底溶合為一。蘇格拉底是一個相當容易與人同化的人，藉由他的思想，可以在一瞬間吸引住大眾的眼光。這種魅力不是隨時會劃上休止符的。

自古以來，就有「法」的存在，既然有法，便是明白告訴眾人，不管是什麼理由，都不可隨意殺人，甚至是戰爭也不例外。因此，蘇格拉底在熟知這種理念，為了追求自己的幸福，不惜以生命和信念作交換，而保持自己幸福的狀態，繼續追求知識和愛的信念。

他自知無知是相當可恥的事，雖然這一個想法是大家都相同的，但是生活在現代的我們，如果跟蘇格拉底一般的誠實，繼續生存下去的話，相信大家都知道結局。

明明知道蘇格拉底的生活方式最適合人類，但能抱有相同的心理並執著執行的人，卻是相當的少，這是現代人的矛盾之處。因此，在自己不能做到的情形，受到良心的譴責，感到十分的懊惱。於是，不禁問起自己：「蘇格拉底為什麼不逃走呢？」

事實上，這些人才是真正值得同情的人。

因此，很多人開始調查蘇格拉底不逃走的本意，或是自問自答。這是不是蘇格拉底給與大多數人的看法呢？像這種影響，就如同水上的波紋一般，越蕩越大，從某種意義來說，簡直是毫無邊際。所以，大家都對這件事加以注意，如果想對這個問題劃下句點，必須先和蘇格拉底溶為一體，以這種「融和」的思想，重新站在蘇格拉底的面前，並且告訴他，他的想法是錯的，或許他只會對你一笑置之吧！

蘇格拉底的思想

蘇格拉底（Socrates）是紀元前五世紀的希臘人，也是代表這時代的哲人和思想家，自年輕時代起，他便以一副不修邊幅的外表而受到大家的注意，如他喜歡赤腳，不拘泥於服裝儀容等，對所有的人都一視同仁，不會因他們是達官貴人，或是鄉井小民，而有不同的差別待遇，同樣會親切的打招呼、問好。

只要你和他曾打過照面、說過話；他便會將你牢記在心。他就是一個這麼特殊的人，這也是他最富魅力的地方。

蘇格拉底的中年和晚年，都是在戰爭的陰影下度過的，遇到過人類人性潰滅的危險。尤其是伯羅奔尼撒（Peloponnesian）戰爭（紀元前五世紀後半時，希臘與斯巴達之間的戰爭），當時的人內心充滿了腐敗和墮落，他便負起了教化大眾的神聖工作。

他的特異性格，有時也讓人無法理解，譬如，一整夜站在戰場上，不動也不說話，有人說他正在冥想，也有人說他正在接受神所傳達的指示；

他的行為，使他成為了當代著名的奇人和天才。

蘇格拉底終其一生，追求著愛和真實，為使自己的「靈魂臻於盡善盡美」而努力，無論何時何地，都以真實作為基準而行動；他看透了人類的情慾，也知道自己的本心，自覺「自己的無知」，一生致力於哲學，而人生的探求，便成了他一貫不變的宗旨了。

有人傳言，蘇格拉底是雅典的守護神——阿波羅所送來的，阿波羅注視著當時人心的貪婪與自私，為了挽救雅典免於淪亡，因此，將他的使者蘇格拉底派來，要他教化人民，使他們回復善良，追求真理的本性。也就是這個傳言，在蘇格拉底以不動的信念教化「無知的人」時，替他惹上了殺身之禍，而被他所鍾愛的雅典人，奪去了他寶貴的生命。

蘇格拉底本身並沒有遺留下什麼著作，但他卻有許多弟子，而其中最偉大的弟子柏拉圖，曾在蘇格拉底執刑後，聽取了數位目擊者的描述，而寫下『對話錄』這本書，使我們在研究蘇格拉底的生平時，有一份資料可作為依據。

從這本書中，我們可以得到一個新的想法，那便是蘇格拉底的思想，是不是就是「死命的思想」呢?不禁令人懷疑著，因為蘇格拉底便是因為這份執著，而導致死亡的結局。

目錄

第二章 蘇格拉底的思想

第一章　蘇格拉底的生涯

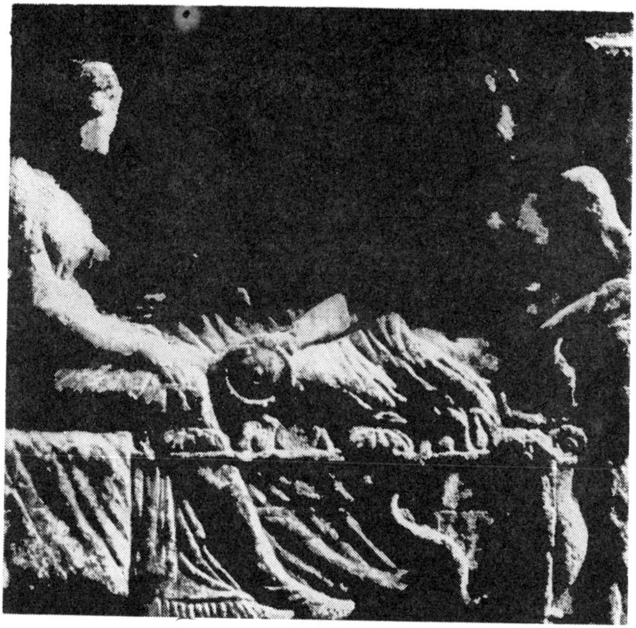

蘇格拉底之死

永遠的哲人——蘇格拉底留下的謎題

死刑當時

西元前三九九年，蘇格拉底在牢獄中，被宣告了死刑。

在接受死刑前的沐浴後，蘇格拉底見到了他的妻子和三個兒子，他將自己所渴望做的事告訴他們後，便將他們趕回家去。

不久，十一人刑吏官中的

一個手下，帶來了一個杯子，裏面裝有已搗碎的毒藥，要蘇格拉底喝下去，而蘇格拉底依舊平靜的回答：「謝謝你！」他甚至說出：「假如我拒絕喝的話，是對這個杯子吝嗇的表現！」此時他的朋友克利多（Crito）和他的弟子們，不知如何是好，只能壓抑著自己的情緒，暗自的悲泣著。

由於蘇格拉底的交代，希望能走得很平靜，因此，他的弟子只能眼睜睜的看著老師的死，而無法採取任何的行動。

無疑的，蘇格拉底是一位高貴、思慮正義的偉大哲人，尤其是他面臨死亡時，那一種正義凜然的氣概，更是超乎筆墨可以形容的。

蘇格拉底留在人間的最後一句話，是「我仍欠亞斯克里皮爾斯（Asklepios）一

蘇格拉底(紀元前2世紀的畫像)

隻雄雞，請別忘記還給他！」亞斯克里皮爾斯是醫學之神，蘇格拉底生前曾向他祈願，並答應以雄雞作為回報。

也許是蘇格拉底認為死亡，只是人類魂魄脫離肉體，而靈魂的獲得釋放，可步入一個更美好的世界，更能自由的透視真理與事實。於是蘇格拉底在這種想法指引下，一邊祈禱，一邊停住呼吸的將杯中毒物一飲而淨。

然後，蘇格拉底在學生和親友的面前來回走動著，直到他的腳沈重起來，再也走不動時，才躺下來。此刻，他的朋友克利多想問他還有沒有其它遺言要交代時，蘇格拉底已沒有任何的回答，而他的眼睛也浮現出死亡的徵兆了。

事實上，蘇格拉底完全遵照獄卒的指示，平順的完成了死刑。

於是，人類史上最偉大的思想家蘇格拉底，就在二月間結束了他的一生，享年七十歲。

服毒之前

毒藥是一種「毒人參」的種子搗碎所製成的。根據法律的規定，死刑的執行時刻是日沒，因此，蘇格拉底從被宣判死刑到執行時刻到臨，等待了一段很長的時間。

在日沒時刻到來前，蘇格拉底的摯友克利多深知很多人都是拖延一段時間才服毒的，在死前這些人會吃豐盛的菜餚，盡情的歡樂，然後才死。所以，他勸蘇格拉底盡情的吃喝，作自己想做的事。

若是一般的人，一定會照著克利多的建議去做；但是，蘇格拉底並不是普通人，他一笑置之的回答說：「或許別人那樣做會獲得滿足，但是，我一點也不想這麼做，那也是因為我相當了解自己的緣故，你還是照我所交待那樣做吧！」蘇格拉底認為藉由喝酒、作樂等方式，來拖延死刑的執行時間，不僅沒有任何的作用，反而會替自己惹來笑柄。

從這裏，我們可以知道，蘇格拉底認為人的一生不是要求可以活得長久，而是要活得有價值。

因此，因抽籤而決定擔任監督蘇格拉底行刑的人，對蘇格拉底說：「你和其他的囚犯不同，當我受到上司的指示要他們服毒時，他們都對我生氣，詛咒我，就只有你沒對我生過氣，我也了解你是這獄中最有男性氣概，最高貴，也最溫和的人了，請你多加保重，用輕鬆的心情來忍受這命運的安排吧！」說完之後，這執行人便淚如雨下的轉身離去，而蘇格拉底也就照著這人的指示去做。

弟子面臨老師死亡的時候，皆將自己的情緒壓制住，對老師的不幸遭遇，發出不滿的言辭。然而蘇格拉底卻不認為這是一件不幸的事，相反的，他對於自己可以看見已死去的朋友而感到高興。

但是，對弟子和克利多而言，卻是一件無法忍受的事，因為他們即將喪失自己的良師益友，而哭得有如喪失考妣的孤兒一般。

雖然蘇格拉底在死前沐浴後，曾見到他的家人，但為了怕他們太過傷心，因此要他們立刻回去，並沒有交代他身後事；在服刑時刻逐漸的逼進時，他的學生便為此感到焦急。

蘇格拉底死後的埋葬之處

蘇格拉底對自己死後的埋葬之處並不關心，只要克利多照著自己的喜好和習慣去處理即可，在他這種沒有確定的指示下，克利多感到相當的困惑，尤其是他的埋葬之處。

然而蘇格拉底在喝了毒藥後，便漸漸的失去了知覺，而離開了人間；他認為人死後，是要到另一個更美好的世界去，以這個說法來安慰他的朋友和弟子，希望他們看到他的肉體火化或埋葬時，能減少些哀慟。

人的命運是上天所註定的，死亡的時刻來臨時，任誰也躲不過去的。蘇格拉底抱著這樣的想法，結束了他七十年的肉體生涯。

他的弟子們自知快要沒機會聽他說話了，為了他所遺留下的孤兒，便問蘇格拉底有沒有什麼話要他們轉告的。

然而除了日常生活常說的話以外，蘇格拉底並沒有特殊的交代，反而要他的弟子們自己管好自己的事。他認為雖然大家的意見雖然不一致，但一個人最重要的便是盡自己的本份，如果連自己的生活都無法顧好，就算現在勉強的答應，也不會有什麼用處的。

蘇格拉底冷靜的想著，為怕別人看到他的屍體骯髒，於是先行沐浴，並在沐浴後飲藥自盡。

事實上，克利多曾經為蘇格拉底作了一連串死亡的計劃，希望能將蘇格拉底救出雅典的監獄。

蘇格拉底的監獄

逃亡的規勸

假如蘇格拉底下定決心進行逃亡，並不是不能從牢獄中逃出來的，然而他卻沒有半點逃亡的意思。

克利多的年紀和蘇格拉底差不多，並且二人從小便是青梅竹馬的朋友，克利多為人實際，因此，對進行蘇格拉底逃亡的計劃，曾經作過一番研究。

他在蘇格拉底行刑前一、二日，都買通了獄卒，而在黎明時刻，到獄中去拜訪沉睡的蘇格拉底。他並沒有將蘇格拉底吵醒，而是默默的坐在床邊，等待蘇格拉底的醒來，這是克利多體貼朋友的心意，希望蘇格拉底醒來時，能看到自己的好朋友而產生愉悅的心情。

克利多認為蘇格拉底相當的幸福，在他遭遇命運的作弄時，能夠輕鬆平靜的忍受著，這個認命的想法，不禁讓人佩服。

蘇格拉底並不拘泥於年齡，當死亡逐漸逼近時，他也不作任何的掙扎，他認為掙扎是一件很荒謬的事。許多人並不像他的看法，對自己的生命相當的重視，表露出自己苟延殘喘的感情。事實上，蘇格拉底不僅不像這些人執著於自己的生命，他還有一個很強烈的信念。

蘇格拉底對克利多的早來，感到相當的奇怪，然而克利多所帶來的消息，不僅對蘇格拉底而言是個壞消息，就算是對蘇格拉底的親朋好友和弟子們來說，都是一個天大的打擊。事實上，克利多所帶來的消息是「前往提諾斯島奉獻的船，今日就要回來了！」這也告訴了大家，蘇格拉底只剩下一天的生命了。

雅典人每年都裝載了滿船的貢物，獻給提諾斯島上的阿波羅神，這種習俗起源於托爾休斯的誓言，托爾休斯曾在前往庫拉島的途中遭遇海難，於是他許下諾言，只要大家平安無事的歸去，他便每年獻上祭品給阿波羅神。

在蘇格拉底的時代，雅典人依舊慎重的紀念此事，在這艘船出港至歸來的期間內，都不准執行死刑。而蘇格拉底被判刑的前一天，這艘裝飾著桂冠的祭祀船才剛起航出發，而將在三十日後歸港。

這艘托爾休斯所坐的船，也裝載了和昔日相同的少年少女們「七人二組」的人數，到提諾斯島去向阿波羅神謝恩。一般而言，正常的航程約為三十天，但如果發生了暴風雨，便會延長航程的天數。但是，克利多所獲得的情報卻是，祭祀船將如預期的時刻順利歸來。

然而蘇格拉底一點也不感到意外，事實上他剛作了一個夢，夢中有位秀麗嫻雅的女子對他說：「蘇格拉底啊！你將在第三天，前往天堂般豐饒幸福的弗塔雅（Phthia）。」這是出自於荷馬史詩『伊利亞斯』第九篇，第三百六十三行「憤怒的阿吉理斯的故鄉」，蘇格拉底聽到這些話之後，便期望著能到彼岸他的故鄉去，這樣的盼望著。

根據夢中的指示「三日後」蘇格拉底便會死亡，而從克利多的拜訪算起，船歸港的日期應該是在明日，而他受刑日則是後天。就一個知心好友的立場，克利多力勸蘇格拉底逃亡。

他對蘇格拉底說：「我最敬愛的朋友，現在開始聽我說，趕快逃走吧！原因便是你死了的話，我不僅會失去一位良師益友，也還會帶給我一個不白之冤；我很難再找到一個良友，甚至不了解你和我的人，會以為我把錢看得比你重要，不願意花錢把你救出，這種重財輕友的舉動，實在是相當的不名譽！」

克利多不斷的苦勸蘇格拉底逃走，但是，蘇格拉底不為所動，反而更加深了他不逃亡的信念。

不逃走的理由

一個優秀的人，只會相信真實發生的事，有見識的人不會歪曲事實來加以傳遞。蘇格拉底就是抱著這種信念的人。

然而大多數的人會介意這一點，因為意志和信念薄弱，而無法辦到。蘇格拉底熟悉這一點，除非是和他具有同樣哲學觀的人，或實踐力相當的哲人，一般人是很難說服得了他的。克利多了解這一點。

但是，克利多為了讓蘇格拉底答應逃走而盡了他最大的努力勸服著。他告訴蘇格拉底：「大眾的意見和社會的輿論，是相當可怕的武器，你這次的事件，便是最好的證據，任何被眾人所排擠和詆毀的人，將會受到更大的禍害！」

然而蘇格拉底認為：「如果大眾的力量可以造成大的禍害，那他們的能力也就可以做大的幸福和利益，但是事實不然，現在大眾的能力，既不能製造禍害，也無法成就善事，他們的所作所為，不是賢人該做的，也不是愚者所為的，而只是偶然所造成的結果。」

克利多知道自己無法否定蘇格拉底的說法，於是他問蘇格拉底：「你是不是怕因你的逃亡，會使我們受到牽累？雖然因你逃走後，陷害你的人會把箭頭指向我們，然而我們大不了受到大額金錢的處罰，你實在不需要擔心！為了救你，我們就算是赴湯蹈火，也在所不辭的！求求你聽我的勸，趕緊逃走吧。」

蘇格拉底的確考慮過逃跑後朋友的安危，不僅如此，在他的心中仍考慮到很多事情，他認為自己應該聽從由自己「內心所發出的聲音」，也就是最真實善良的想法，而不是偽裝的思想。

他的好友克利多為了救蘇格拉底的生命，於是假裝出一切都很順利的樣子。並且告訴蘇格拉底：

「你不必擔心我們的安危，那些獄卒要求的錢並不多，控告你的人也只須一點錢就可以打發，只要你願意逃走，錢財絕不是問題，我自認有能力可以負擔。

甚至你的外國朋友，也願意解囊相助，如塞凡的希米亞斯，也已經準備了一筆錢來救你，還有柯美斯等人，也都想幫助你逃亡，所以，你不必為錢財擔心，或者是無處可去而感到沮喪。因為到處都有你的朋友歡迎你、援助你，如果你願意，可以到塞桑尼亞去，那裏有我認識的朋友，他們都很傾慕你、敬重你，你也會受到他們的保護，你在那裏一定會過得很愉快的！」

克利多接著繼續說：

「我不認為你的作法是正確的！你明明可以自救，為什麼不自救呢？你犧牲自己的生命，就是落入控告你的人的圈套；為了要毀滅你，他們千方百計的設下陷阱，使你一步一步的掉進，如果你就這麼死了，豈不是成了幫兇，稱了他們的心？更何況你的孩子年紀尚小，世人會認為你不顧自己的孩子，而在養育和拋棄他們的二種作法，選擇簡單的行動，置他們未來的命運不顧，使他們成為孤兒。這實在不是一個人應該做的事，而你一生奉獻在追求道德涵養的境界，實在不該如此做，這違背了你自己的內心本意。並且如果照你的想法去做，我和你的朋友一定會被批評為膽小、無能；本來你的控訴是可以大事化小、小事化無的，然而事情的演變實在令人想不到，不僅被帶上法庭，而且還被判了死刑，仔細思考一下這件事的演變，真是令人哭笑不得！世人一定認為是因為我們的懶惰和懦弱，既無法幫你，也無法讓你自救，而白白的讓機會錯過。這種錯誤的認知，對你我來說，都是相當不名譽和不幸的。尤其是認為你和我們都沒有半點可以信賴的朋友！求求你，好好的考慮吧！然而現在已沒有時間了，你必須下定決心逃走，方法只有一個，那便是在今晚必須採取行動，如果動作不夠迅速的話，一定會失敗的！蘇格拉底，照我的話去做吧，不要再有任何的遲疑！」

對克利多這個人，蘇格拉底發自內心的尊重他，但這種感激仍無法取代蘇格拉底本來的看法，假如克利多想採取合法的途徑來使他脫罪，他或許會答應，但是，克利多所建議的，卻是違法的脫逃，因此，克利多的勸告，反而使他的心情更加的沈重；因為在蘇格拉底的道德觀中，脫逃不是一項正當的行為，而且他內心發出的聲音，也告訴了自己逃亡不是正確的舉動。

任何一件事，都希望達到盡善盡美境界的蘇格拉底，認為無論遭遇到什麼挫折，都不可以改變這種信念，這是蘇格拉底相當執著的信條。因此，他對克利多說：「如果沒有更好的辦法，請原諒我不能聽從你的勸告！」蘇格拉底甚至說：「假如別人用比現在更殘酷的手段，加壓在我身上，如死亡、沒收財產、群眾壓力等，我也不願逃走！」明白的表示自己不逃走的意願。

於是，蘇格拉底失去了從雅典監獄逃走的機會，接受死刑是已確定了。然而這位人類永遠的師表，雖已離開了人間，但他的精神卻永遠與我們同在。

臨終的情形

在蘇格拉底被判死刑後三十日，前往提諾斯島的奉獻船如期的歸來，也就是說蘇格拉底將在翌日執行死刑。

蘇格拉底的監獄是在雅典法院附近，克利多和其它蘇格拉底的朋友和學生，每天在牢獄大門未開時，便聚集在監獄門口，彼此互相交談；而在大門開放後，便進去和蘇格拉底會面，且以他為話題中心度過一日。

在得知奉獻船將回來的消息，已是黃昏時刻，於是大家便約好翌日一大早集合，以便見蘇格拉底的最後一面。

隨著死亡時刻的逼近，雖然蘇格拉底已作好死亡的準備，然而他的朋友卻依舊的感到迷惘，那不只是依依不捨之情而已，而是將偉大哲人無罪逼死的良心掙扎。直到最後，這人心的掙扎，變成了安慰和穩定的狀況，因為蘇格拉底的精神將永遠和他們同在。蘇格拉底是否可成為永遠的哲人，從他臨終的情景，便可看出端倪。

處刑的日子到來，當天早上，蘇格拉底的朋友、弟子、親戚等，都集聚在牢房外，如克利多、阿波羅多勒斯、赫摩基尼斯、亞士契良斯、安提斯西尼斯、美尼克西納斯、希米亞斯、塞比斯、特普西安、斐陀、克利多普羅斯、阿匹凱尼斯、庫托西帕斯、帕頓戴斯、艾烏庫勒斯……等，以及許多當地的人們。當中，蘇格拉底最偉大的弟子——柏拉圖，當天因生病未能到場。

克利多出生在雅典的愛羅匹格，與蘇格拉底從小便是很好的朋友，是一向以自己外表自豪的雅典美男子克利多普羅斯的父親。

斐陀是在愛利斯出生的，愛利斯是雅典的同盟國。斯巴達軍攻陷斐陀的故鄉時，紀元前四〇一年將斐陀抓到雅典當奴隸，後來得到蘇格拉底的賞識，而被他所解放。柏拉圖的『對話錄』中的「斐陀」篇主張靈魂不滅論，便是以他為男主角。

阿波羅多勒斯有「狂人」的綽號，他是柏拉圖的著作『對話錄』中的「饗宴」篇的男主角，他與安提斯西尼斯（Antisthenes）相當的親近。

赫摩基尼斯的兄長卡里亞斯，相當的有錢，赫摩基尼斯為求在哲學上有更高的境界，花費了不少的錢，都是由他的兄長所支助的。贊諾芬（Xenophon）曾從赫摩基尼斯處，得知許多有關蘇格拉底的言行，於是寫下了蘇格拉底的『回憶錄』。

亞士契尼斯，人稱蘇格拉底的另一半，與同名的雅典辯論家不是同一人。他年輕時很不得志，柏拉圖將他推薦給戴奧尼索斯（Dionysios）二世的宮廷裏，並給與很大的官位；他對『對話錄』裏各篇的男主角，都給與相當高的評價。

住在雅典帕阿尼亞的庫托西帕斯，為人善良，人雖年輕但不驕傲。美尼克西納斯是他的堂兄弟，也是柏拉圖『對話錄』的「美尼西納斯」男主角。

希米亞斯和塞比斯，在「斐陀」篇中，和蘇格拉底有精彩的對話。他們二人在塞瓦是普洛塔高勒斯派——菲力勒斯的弟子，塞瓦當時是被義大利驅逐的普洛塔高勒斯派的避難處，希米亞斯曾準備好一大筆錢，為幫助蘇格拉底逃亡。贊諾芬把希米亞斯和塞比斯當作是蘇格拉底的親弟子。

艾烏庫勒斯是信奉美格拉派的學說，與特普西安有所交情；蘇格拉底死後，柏拉圖由於政治上的因素，曾暫時住在這二人家中。

當蘇格拉底的朋友，全聚集在監獄門外等待，直到門房的到來；獄卒到來之後，下令未獲得允許前，要大家等待，不可擅自闖入，並且說：「現在有十一名獄吏，正在幫蘇格拉底解開鎖鍊，因為他今天一定要處死。」

不久，有一名獄吏出來通知他們進去，這時，他們看到了剛被解開鎖鍊的蘇格拉底，和他的妻子贊提普（Xanthippe）和小孩坐在一旁。贊提普一見到蘇格拉底的朋友到來，便立刻哭泣起來，並且對蘇格拉底說：「你趕緊和你的朋友說說話吧！」

有著惡妻之名的贊提普，對蘇格拉底的最後一句話便是這句。惡妻之說的真實與否，可以從這種場面時，以愛情角度來看，對她所說的話加以推敲得知。蘇格拉底基於哲人的思想，不希望看到這種悲傷的場面，於是對克利多說：「請你把她帶回家去吧！」

於是，克利多家的人，便將一面哭泣，一面掙扎的贊提普帶回家去。然後，蘇格拉底坐在床上，把腳彎曲搓揉，準備悠閒的談到黃昏。

在一旁的斐陀，看到即將處死的蘇格拉底，居然沒有露出哀傷的表情，而感到不可思議。因為看到蘇格拉底很幸福的表情，也就引不起自己可憐的心情，雖然如此，卻不像聽蘇格拉底談論哲學時的快樂；在這種既悲傷又快樂的心情支配下，也有像阿波羅多勒斯又哭又笑的情形發生。

總而言之，蘇格拉底的死，並沒有帶來任何悲劇性的結局，其原因便在他確信肉體的身亡，可以使靈魂獲得解說的緣故！他認為人死後，靈魂將會前往永生的世界（天堂）。

死後的世界

蘇格拉底早已為死亡作好了心理準備；對他而言，死亡是一種可以讓他看見神祇和以往朋友的旅行，他抱著「快樂的向充滿希望之處旅遊」的心情。

因為蘇格拉底對死後的世界充滿了美好的想法，基於這個原因，他大大超越過尋常人對死亡的態度。他認為人類終其一生，都是在追求死後的世界。這世界必須經由人死後，才可以達到；從另一個角度來看，就是靈魂從肉體脫離，獲得完整的休息後，進入一個更美好的世界，能更自由的透視真理和事實。

蘇格拉底的肉體是靈魂的居住處，他並不否認這一點，因此，他主張靈魂不滅的主張，他認為靈魂是相當有價值，並且美麗的。

靈魂不滅主張人死後，都會被神祇帶到阿凱龍河（Acheron）處，搭船前往爾凱希雅斯湖接受審判。作惡多端的罪人，都會受到報應，然後才會獲得解放；而心地善良，樂於助人的人，也會依他們的價值，得到相對的獎賞。犯了大錯，卻無法改正的人，都會被丟到黑暗的深淵——塔露塔爾斯（Tartarus），過著暗無天日的日子，永難脫身。

譬如，破壞神殿，任意殺人或不孝順父母的人，一定會受到應有的處罰，如果一年後可以改過自新，過著清淨無爭的日子，也會有機會從這黑暗的牢獄中解放，到天堂去。而充滿知識和愛的人，生前過著清淨快樂的日子，在他死後脫離肉體的生活後，便可到星星聚居之處，過著美好的日子。

就我們而言，如果真的有這種奇妙和幻想般的世界，存在我們的死後靈魂所去之處，並且根據我們生前的行為，作為審判的基準，是不是告訴了我們，對自己平日的言行舉止都應該高度的注意呢？

總而言之，蘇格拉底認為死後的世界，也有靈魂的居住處，因為這個想法，他認為靈魂可以一人獨立的旅行。優秀的人靈魂將永遠存在，環繞在大眾周圍。蘇格拉底的靈魂脫離肉體後，獲得了自由，便可永遠的在這世上住著，他如此的確信著。這個意思便是，蘇格拉底在生前便是一位永遠的哲人，因此，他的靈魂和精神，都可永垂不朽於人間。關於他的這個看法，不管你是抱著肯定或否定的態度，都先擺在一旁暫不考慮。

蘇格拉底能在死後以平靜的心情接受死亡的到來，最重要的原由便是，可以和永遠合而為一；能和他所尊崇的神祇和死去的朋友見面，但他是不是能夠在天堂和這些人相遇，仍沒有任何的解答。究竟死後有沒有另一個世界存在呢？依舊在我們的心中存留著。

蘇格拉底的生活時代

蘇格拉底出生前後的雅典

蘇西德地斯

簡介

人類史上偉大的楷模，蘇格拉底所生長的時代，究竟是怎樣的呢？

希臘有名的歷史學家蘇西德地斯（Thucydides）曾說過：「真實的記錄，是排除傳說的要素存在，因此，無法使人感到有趣，然而在人性的範疇裏，相同的事也會不斷的出現，也就是歷史將會重演。

而當後人在回顧過去歷史真相時，能認清歷史的價值。」因此，後人要瞭解蘇格拉底這個人，就必須先了解一下他所生存的時代。蘇格拉底並沒有留下任何的著作，但他出生於雅典，並且也將他的生命賭注在雅典，所以，雅典便成了我們首先要了解的歷史。

雅典與蘇格拉底

阿提加（Attica）位於雅典附近，當地土質貧瘠，收成不好，反而是一種幸運，因為自古以來，不是處於兵家必爭之地，很少發生內亂，住在當地的人代代相傳，因此，被雅典人認為是「土著」。

由於難民不斷的湧入，阿提加逐漸的繁榮了。由於戰爭或內亂而被國家驅逐的人，紛紛要求雅典人保護，其中又以流亡的王侯貴族居多。這些人的前來，成為當地的市民，使這個「普利斯」日益壯大起來；不久，阿提加已無法收容，於是在愛奧尼亞群島建設殖民地。

「普利斯」（Polis）是指國家、國土、國民、首都、城堡、都市。雅典就是一個典型的普利斯（古希臘的都市國家）。蘇格拉底未出生以前，雅典人的作風是不喜歡追根究柢、探查事實，只想坐享其成、道聽塗說，並且相信「最小的錯誤，可以換取最大的幸福」，只看重眼前的近利；並且欺善怕惡，他們認為少惹比自己強的人，與其為了眼前的利益進行冒險，倒不如守成即可。

從另一角度來看，雅典人可日以繼夜的實行理想的精力相當有名。有一位外國使節曾如此的下過這樣的評價——那是貴族的理想是「不動」，而民眾的理想卻是「動」。

雅典人是革新主義者，他們一旦決定了政策，便立刻徹底實行，就算是不合乎實際，也會斷然去做，而違背良知、愛好冒險，就算是失敗，也會意氣旺盛的去面對；為了國家的利益，將自己的生命棄之不顧，發揮自己最高知性的表現。縱使決策是失敗的，也會研究如何彌補損失。為了大家所決定之事，雅典人一旦有了意圖，便會將希望實行。

如果說這是一種正義也未嘗不可。但是，靠著力量可以獲得獵物出現時，不管正邪的分別，不可能不去侵略的，這種人類的本性，能將自己的權力慾望壓制住，而全靠道德來說服的人，才是真正值得讚賞的。蘇西德地斯在『歷史』這本書中，曾如此的記載著。

這就是波希戰爭結束後雅典人的特徵。蘇格拉底是在紀元前四六九年出生於雅典的，距西元前五八五年人類史上最早的哲學家泰雷斯（Thales）活躍時期，大約相距一一五年。

當波斯軍從雅典的領土撤退時，勝利的雅典人忙著將送往避難的婦孺和財產接回，根本無暇飲酒作樂，慶祝這場勝利。由於戰爭的關係，大部份的房屋和建築已經被摧毀，為了重建自己的城邦和家園，雅典人紛紛出錢出力，將自己的居家整頓好，修建城邦的城堡。當一切都修建完畢時，已是紀元前四五七年，當時的蘇格拉底正好十三歲。

伯利克雷斯

雅典人和蘇格拉底的關係

年幼的蘇格拉底，或許並不清楚自己國家的情形，但誰能說他自己的血液中沒有雅典人的精髓呢？

蘇格拉底出生時，正是伯利克雷斯（Pericles）的黃金時代；伯利克雷斯出生於紀元前四九五年，比蘇格拉底大約年長二十五歲，所以，當蘇格拉底還小時，他便已經成年了。當伯羅奔尼撒同盟與雅典簽訂五年和平條約時，蘇格拉底已二十歲了。

當時伯利克雷斯已在當時的政治世界中，擁有無以倫比的地位和權力，他身為雅典政策的制定者，強調不與惡勢力妥協；並且在戰爭時，還會激勵雅典人的士氣。

此外，他能言善道，才華洋溢，切身實行，可說無人可以比擬；因此，雅典人將他視為最高的統治者，無不欣賞他的政治手腕和自信。我們可以從他以下的演說，了解他是一位怎樣卓越的政治家！

「雅典的人們！我想說的話，和平時並沒有什麼不同。我們不可以和伯羅奔尼撒同盟妥協！人們在支持戰爭時，都會被某種感情所左右；對於事情的發展，也有好壞的判斷，並且不停的根據感情的變化而有不同的評價，我相信這些大家都懂。

現在，我也要像從前一樣，將我的看法告訴大家，你們一旦決定服從我的意見，一定要徹底答應執行，縱然遇到了挫折，也決不可半途而廢，應同心協力堅持到底；否則當勝利來臨時，就無法把它當作是我們智慧與勞力的結晶，而引以為傲。現在戰爭的勝敗，是無法預料的，這也就如同人們的想法一般，隨時都會起變化；對這種無法預料的事，我們只能把它歸之於命運的力量。」

究竟蘇格拉底和伯利克雷斯有什麼關係，我們無從得知。但是蘇格拉底生長在這樣的時代中，也學會了伯利克雷斯的知性和實踐力。譬如，克利多常對他兒子克利多普羅斯說有關蘇格拉底的事，他說伯利克雷斯熟知許多「流行歌曲」，並且常對街上市集歌唱，來博取民眾的喜歡，蘇格拉底曾如此的說過。

流行歌曲的內容便是荷馬的『奧迪賽』所出現的歌辭。蘇格拉底本身也是一個實踐家，對已決定的事，除非萬不得已，或是自知犯了重大過錯，否則絕不輕易改變。

蘇格拉底曾教導伯利克雷斯的兒子有關政治上的事情，不難想像，當時小孩的精神形成，是追隨著當時的主導人物的影子，這是不容懷疑的。

蘇格拉底的另一個學習對象

一個人如果走上前人未走之路，經歷過前人所未經之生涯，那麼，他留給世人的事物會比任何人都深刻，色彩也就越鮮明。他雖然和蘇格拉底沒有直接的關係，但是他對蘇格拉底的精神變化，卻有著深遠的影響。他就是狄密斯托克雷（Themistocles），傳聞說他在蘇格拉底二十歲時，便仰毒自盡了。

狄密斯托克雷約生於紀元前五二八年，死於紀元前四六二年。紀元前四八〇年，雅典在沙拉密斯灣大破波斯王澤克西斯（Xerxes）的大軍。狄密斯托克雷將與生俱來無以倫比的獨創力，發揮的淋漓盡致，他的這項長處，據說至今無人能學到。

他的觀察力也很敏銳，這不是憑著學習和經驗便可訓練出來的，遇到緊急的場面，他只要稍微思考，便可立刻作正確的判斷；對於未來，他更具有遠見，他所預測的事，八九不離十；凡他所經歷過的事，都能如數家珍的說出，並且有條不紊；就算是沒有經歷過的事，也可作出判斷，不管事情多麼的棘手，他都能迎刃而解，作出突破性的決定。

他天賦靈敏，學習能力又強，並且具有臨機應變的能力。

這個特點，在『回憶錄』的「優西德摩斯」篇有詳細的記載。像狄密斯托克雷那麼偉大的人，他所具備的才能，若非是受過特殊的教育，否則便是與生俱來的，一般市民是如此的認為著，一旦遇到重大的問題時，所有人的眼光便自然的集中在他的身上。

對狄密斯托克雷，蘇格拉底曾作過這樣的評論：「想要學得好技術，就必須找到一位好的老師，否則是無法做到的。而一位國家領導者，掌握一國的重要事務，必須是一個靈魂人物。如果有人認為他是天生具有某種能力的話，便是一個很愚蠢的想法。」

狄密斯托克雷不幸因被判謀反罪，而處以死刑。身為大將軍的他，一生立下豐功偉業，有著輝煌的歷史，但死後因謀叛罪而被禁止埋在故鄉。後來，他的親友們避開雅典人的眼光，而偷偷的將他埋在雅典的阿提加。

在蘇格拉底與克利多普羅斯的對話中，曾提到狄密斯托克雷的為人，以及他為何受人民愛戴的原因。這項對話，就只有贊諾芬的『回憶錄』裏有記載，其他任何有關蘇格拉底的著作，都沒有提及，然而狄密斯托克雷的自殺和他的見解，對蘇格拉底有什麼影響，我們無從得知。

蘇格拉底的哲學素養，便是在這雅典的苦難環境中培養出來的。

蘇格拉底壯年時的雅典

伯羅奔尼撒戰爭開戰前

雅典的盛衰和蘇格拉底的關係，至今仍是一個謎題。三十歲的蘇格拉底都在做些什麼事？他以什麼為生？都是一個無解的問題，但是，雅典在偉大的政治家伯利克雷斯領導下，已是一個盛世了。

伯利克雷斯有強烈必勝的信念，而且他的行動，都有一份不變的政策。戰爭時，不任意擴張自己的權力，也不會貪圖近利，而將己方陷於危險中，他曾對士兵說：「我們並不怕和敵人作戰，而是必須對自己可能犯的錯誤，有所悔改。」當斯巴達使節晉見伯利克雷斯時，他代表雅典人對斯巴達人作了以下的答覆：

㈠針對斯巴達人曾對雅典市民及同盟國的市民頒佈撤退的命令，我們要求你們廢除這道命令，同時美加拉市民將可利用阿喀拉港。

㈡你們這些享有自治權的國家，若參加同盟，訂立和約，不僅可以享受自治的權利，同時還享有最惠國待遇。

㈢合約上規定，若自己國家沒有和別人作戰的意思，但面對他國的侵略，仍需努力應戰。

雅典人民一直很相信伯利克雷斯的決定，因為這個提案，使斯巴達使節回去後，再也沒有踏入雅典半步。

四十歲時的蘇格拉底

雅典一直在戰爭中成長。西元前四三一年春天至四二八年，蘇格拉底三十九歲至四十二歲時，雅典和斯巴達同盟一直處於斷斷續續的戰爭中。

古代希臘使用月曆，沒有明顯的月終和月初，夏季和冬季區分並不明確，只有春分和秋分可以清楚分辨出。春天大約是二、三月時，夏天大約從五月份起，而冬天大約從十月末期至雨季。

當時斯巴達人的同盟國除了伯羅奔尼撒群島的諸邦外，尚有麥加拉人、拉克利斯人、普契斯人、安普拉其亞人、留卡斯人，和安那庫都利亞人等。雅典人的同盟則是巧斯人、來斯佛人、普拉第亞人、麥沙尼亞人、阿卡陸拉尼亞人、肯陸卡拉人、薩肯托斯人、及卡利亞人、多斯人的殖民地，愛奧尼亞人的主要城市、赫拉斯奔多斯的城市、色雷基城、伯羅奔尼撒至克里特島為直線的東方海洋上的島嶼。

斯巴達王阿契戴摩斯對各城市的指揮官指示，如何對付雅典同盟國時，曾經說過：

雕刻家族的石碑

「我們所要攻擊的目標，是雅典的都市，他們一向自傲的說，他們隨時在備戰中。所以，如果能讓雅典的人看到，我們將他們的樹砍倒，燒毀他們的家園，他們一定會憤怒應戰的。因為人一旦遭受攻擊，必定會失去理智，憤怒異常，任由情緒所支配，而捲入戰爭的漩渦裏。雅典人一向喜歡支配他人，因此，當自己的領土被人侵佔時，絕不會坐視不管的！」

另一方面，此時的雅典人在伯利克雷斯必勝信心的領導下，伯利克雷斯先向雅典人解釋作戰的理由，然後要求所有人密切配合，將自己的財物由城外搬入城內，至於家畜和家禽等動物，則移送到附近的島嶼。

雅典人一向喜好田園的家居生活，熱愛著土地，所以，對這種集體移居的生活很難忍受。尤其是在波希戰爭後，好不容易才恢復家園舊觀的人來說，更是一大打擊。對各個普利斯的人民來說，放棄了他們自己的生活方式，而任隨自己房子和神殿的凋零，感到相當的憤怒和悲哀。

在雅典城內有家或有朋友親戚可棲身的人，實在是很少，所以，大多數的人都是在街上或神廟，英雄神的聖地暫時棲身，只有阿庫拉普利斯及亞庫雅（市場）東南的亞利烏西尼旺等地，嚴格禁止大家居住。但還是有很多人大量擁入，就算是阿庫拉普利斯西北山崖下的「培拉路易肯」這個地方，雖有凡是住在這塊土地上的人，都會遭到鬼神詛咒的傳言，但因現實的需要，有的人不顧一切的住在城牆的塔裏或倉庫裏，並且為他們這種集團移居的情形，感到傷痛和難過。

這是雅典人對內所作的戰爭準備。對外的準備則是增加同盟國的軍勢，為了抵抗伯羅奔尼撒沿岸敵軍的攻擊，準備好一切軍船，為戰爭作好一切的準備。

以下這些話，不能確定是否蘇格拉底曾在這時期說過，但是，他的確說過這樣的話：

「如果有人正為著無知而困擾著，我們就該毫不吝惜的將智慧教給他；如果有人遇到貧窮的困難時，大家就應該同心協力來接濟他！」

「阿里斯達路克斯！你好像有什麼心事，為什麼如此悶悶不樂呢？將你的心事說出來，讓大家為你分擔，可減輕你的壓力。」

阿里斯達路克斯回答說：「真的，蘇格拉底！我感到相當的疑惑，自從內戰開始，很多人都逃亡到比里斯夫，哪些殘留下來的老弱婦孺，卻全跑到我這裏來了！」

此時，伯羅奔尼撒大軍已攻佔阿提加，並且攻到距離雅典僅十・六公里的地方，雅典人眼見自己的家園將毀於一旦。就經驗上來說，年老的人是繼波希戰爭後的第二次戰爭，然而就年輕人來說，這場戰爭完全超越了他們經驗的範圍，強烈震撼了他們的心靈。

儘管大多數的人都主張決一死戰，然而伯利克雷斯卻按兵不動，他嚴格禁止任何人開火，而要他們努力防守，主要的原因便是怕市民太過感情用事，不服從軍紀，反而會引起無謂的損失。於是，伯利克雷斯要大家靜心忍耐，等到情緒穩定後，再全力反擊。

伯利克雷斯這位名將，從國葬典禮的致辭中，便可看出他的卓越見解。

民主政治

伯利克雷斯在典禮中致辭時，大約六十歲了，而當時蘇格拉底大概是三十五歲。致辭中，伯利克雷斯先感謝雅典的祖先，其次讚美建立雅典的神，接著敘述雅典應如何追求理想，以及政治上的領導人物該具備的條件。這篇演說收錄在柏拉圖的『對話錄』中，他的政治精神和蘇格拉底所談的自由和法則相同，現在把演說內容敘說如下：

「我們的政治並非學自其他國家的制度，更不是追隨別人的理想，而是要讓別人以我們為模範，並且學習我們。民主政治並不是由少數人所掌權，而是由大多數人所共有。在我們國家，依據法律的規定，每個人都有平等的發言權力，但是，如果有人才能超出眾人的水準，那麼，我們便必須以超越一般人所謂的平等觀念，來任用他，並且給他很高的地位，縱然他的出身卑賤，但只要能為國家做事，便不可任意阻擋他的官路。不要害怕別人用懷疑或怨恨的眼光，只要自己能快樂自在的過日子。

縱然別人獨自追求個人的快樂，只要他的快樂不是建築在別人的痛苦上，我們也無須懲罰他或是壓抑自己。但只要是大家公享的事物時，就必須要有守法的精神，一旦犯法便會產生羞恥之心；聽從政治領導者的管理，人人守法，對被侵害的人救濟，喚起眾人的廉恥之心，就算是一種不成文的規定，大家依舊必須遵守。」

雅典的民主政治是以自由的理念為基礎，然而自由並非代表沒秩序，而是以法律作為根本，因此，在享有自由之前，人人必須守法。當時，雅典的民主主義雖然是反應大眾的意見，但卻是富裕階級所統治的政治，它有一個特點，就是由民眾來選政治領袖，限制每個人握有政權的能力。而伯利克雷斯所談的雅典民主主義理念，即法律之前人人平等。

蘇格拉底和柏拉圖都是在政治混亂的時代中成長，雖然他們的時代背景不大相同，但是，二人的眼光都是相同的，所以，柏拉圖可說是蘇格拉底精神形成期的代表。以伯利克雷斯為中心的雅典社會的遠大理想，好像並不存在著，然而體驗過恩師蘇格拉底末路的弟子們，可說是大眾煽動家的活躍期，在伯利克雷斯時代，尉為一項風潮。

並不是蘇格拉底沒有想過伯利克雷斯的話，而是由於他對伯利克雷斯的民主主義理念，抱著相同的態度，因此，他沒有答應克利多逃亡的規勸，這一點便和柏拉圖抱有不同的態度。

蘇格拉底曾對耶烏提都摩斯說：「你現在被民眾選為一國的領袖了，你必須開始作好領袖的準備，但你可知民主的政治到底是什麼？」

在贊諾芬的『回憶錄』中，曾記載蘇格拉底對王道與假的民主政治的看法。蘇格拉底認為王道是用國法來治理，使人人順服。假的民主政治是不順從民意，是沒有法治的一種獨裁；貴族政治則是依照傳統選出為政者；富者政治是依照財產的多寡來授官；而民主政治是從所有人中選出賢能者而任命。

更進一步，在柏拉圖著的『克利多』中描述到，雅典的審判官曾告訴蘇格拉底：

「蘇格拉底！你自己捫心自問，你現在心中所想做的事，對我們而言，是不是正當的事？我們生你、養你、教你，把好的東西分給你，是希望你能成為我們理想中的雅典人，你也曾對雅典發過誓，要成為良好的市民。現在你長大了，可獨立自主，了解了國家的狀況和法律，如果覺得不滿，可以帶走你自己的財產，到你所喜歡的地方去。如果其他人也有這樣的想法，也可帶著自己的身家財產，投奔到其他殖民地或外國去，我們決不阻止及妨礙。倘使你們不離去，要留在我們國家，就必須遵照我們的命令，切實實行；而不服從我們主張的人，就是犯了下面三種重罪：

㈠沒有盡到應盡的義務，也沒有服從我們的命令。㈡不服從生你、養你、教你的雅典。㈢你們發誓順從我們，卻做不到。

如果說我們有任何錯誤，你應該提出改革的方法，讓法律知道他的錯誤；但你什麼都不作。」

雅典的法律是蘇格拉底一心要遵守的，這也是他不離開雅典的理由。雖然蘇格拉底所主張的靈魂不滅理論，和伯利克雷斯的政治思想，在某些地方，有不同的看法，但蘇格拉底並非否定雅典的民主政治。

相反的，他深愛著自己的國家，這種愛，並非單純的感情，而是跨越雅典自由、平等的愛。法和蘇格拉底的關連，像這種「不成文的規定」，可說是伯利克雷斯時代，使蘇格拉底受到禁忌的原因。

蘇格拉底思想誕生的背景

文化發生的開始

文化或思想不是一天就可以形成的，它是風土、人情、精神，加上長久歲月和血汗所醞釀出來的；文化和思想是相當具有魅力的，伯利克雷斯就是運用這些精神，來吸引住人心。

蘇格拉底生長在思想、道德觀紛亂、敗壞、戰爭不斷的雅典，卻能保有崇高的哲學素養和精神，實在是值得深思的問題。

伯利克雷斯所倡導的「不成文規定」，便是要對受壓迫的人加以拯救，激發起每人的廉恥心，讓所有人發自內心去作事，而不是只靠文字的渲染。對這規定相當重視的城市國家，一旦遭受任何挫折，都可獲得解救。如四季的競技比賽、祭典，市民的美麗住所，每天都有新的喜悅產生，因此，這不成文規定的解放，決不可輕易忘記。

雅典就是在這精神和風土之下，所逐漸創造出來了。

任何人都可以來到雅典這個城市，它的大門永遠打開的，就算是被趕出家門的人，也可在雅典找到棲身之所，無論是討論學問、旅行等，雅典人都會樂意互相研討，不怕被人看輕自己的缺點。

他們認為力量並非是用來戰爭，或是虛置，而是藉由力量，來實現自己的慾望。在自由的風氣影響下，從小便訓練雅典人的勇氣，並且排除嚴苛的訓練，讓所有人在自由的環境中，學習規律的勇氣，這樣一來，當遇到生死關頭時，會對危險加以處理。沒有必要從小就教導面對痛苦。這就是紀元前五世紀雅典古都的精神特色，便是崇尚「自由的風氣」。

自由人

雅典人認為力量就是一種意志，在自由的環境中，人才能成為自由人。

自由又可稱為平淡之愛，也可稱為知識之愛；因此，雅典人以財富為行動的基礎，但卻也沒有過分誇耀財富；也不會因自己貧窮而感到可恥。真正可恥的是，不努力克服自己家境清貧的人。不管是在家庭，或國家的事物，都運用這種想法。於是不關心公眾活動的人，不被看作閒暇玩樂之人，而是無用處的人。我們想要付諸行動之前，必須先深思熟慮一番，大多數的人是在無知的狀態中，展現出他們的勇氣，但一旦遇到講道理時，便勇氣盡失；真正的勇者，知道自己真正的害怕，也知道自己真正的快樂，因此當他遇到危險時，也不會有懼怕的心理。

道德不是從別人身上取得的，但也有可能是這種情形，俗語有云——「施比受更有福」，便是這個道理。因為接受者受到施與者的恩惠時，會對他更親切，二者之間的友情會更加堅固。

為了償還施與者的恩情，從消極上來說，會對他更加親切，使對方高興。像這種不計利害得失的做法，便是一個自由人所具有的，所有的自由人也該具有道德的信念。

文化和城市國家

世界大同是希臘人所追求的理想，因而每一個雅典市民，都獲得人生寬闊活動的保證。具備自由人的品味，使自己的知性獲得成熟。

根據事實，將城市國家的能力加以發揮，在當時，所有列強當中，只有雅典人在歷史上留下名聲。甚至是被雅典所打敗的敵人，也抱著尊敬、害怕的心理，絲毫沒有任何的怨恨，遵從雅典的德行，不加以違反。伯利克雷斯曾誇耀的說：「今日的雅典，和未來的雅典，都是受到世人讚嘆的！」

的確，伯利克雷斯的這番話，為雅典明確的下了一個結論，那便是有城市國家才有個人，而不是有個人才有國家的。這個觀念早已存在在西元前五世紀的人類心中。

伯利克雷斯在戰爭中，吊祭戰死的人時，演說中以人類的知性、道德和學問作為主題，文化的萌芽依舊生長著，並沒有被拔除；伯利克雷斯要荷馬作詩讚美雅典，而他自己卻對詩的認知不夠，他認為詩人是以優美的言辭來鼓動民眾，是一種不合實際的現象，因此在慰靈的典禮中，認為不需求助於荷馬。

雅典人以勇敢的態度，擴展了海路和陸路，到處都有他們所留下的悲傷喜悅痕跡，為了國家，將士們以他們自己的生命，奉獻在戰場上，他們這種犧牲小我的精神和勇氣，實在接近完美。以善良的光輝來消除邪惡，以犧牲自己個人的利益，來成就公眾的利益；留在危險當中，拼命扭轉局勢，他們認為進比退而保身還要可貴；以生命來面對該來的困難；保護自己被批評為卑賤、懦弱；面臨死亡時，並不會恐懼，那是因為對生死的認知，有著很高的覺悟。所以說，雅典人對死亡，有著相當獨到的看法。

死亡的看法

人必有一死，這是相當明顯的事實。人當然希望能夠避開死亡，但這是人之常情，而產生這種心理的原因，主要是在人類並不了解死亡的意義，以及不知道什麼時候該死而造成的。

蘇格拉底四十歲左右的生死觀，和當時的時代背景有著密切的關係。追求幸福必須先享有自由，追求自由必須要有自覺走勇者之路，不能對戰爭的危險有任何的遲疑。看輕生命的人，將被排棄在幸福門外，而陷入苦惱的陷阱中。面臨命運發生變化，將改變世界的幸福，在這種情形下，人如果能忘記了自己生命的危險，便能扭轉乾坤。

人生在世，若死的有價值，便是最大的幸福；該悲傷時，有真正值得悲傷的事。像這樣，人不管是生、是死，都有相當珍貴的幸福。不知道幸福的人，也就不可能知道真正的不幸，幸與不幸都是一體二面，經常互相左右。人必須戰勝悲哀；所以有小孩的人，將希望寄託在小孩子身上，因為現在所做的一切，將會對小孩有所影響，因此，會對正義的政治立場加以主張。

而年老的人，要懷著今生一切都很幸福的想法，決不可私下感傷，並且就算是偶有情緒不定的情狀發生，也必須以先走的小孩的光榮來緩和自己的悲傷。俗語說：「愛惜自己的名聲，便不會有老態。」便是指工作完畢的人，不要汲汲於自己的慾望，而暴露出自己的老態，寧可做獲得人們敬愛的人物才對。

老實說，要生者和死者互相競爭，是不可能的事，或許看的人對生者會感到嫉妒，而對死者則懷有一份好意。女人不違背女人的本性，就是最大的榮譽；同理，男性不違背他的本意，也可說是一項榮譽。

於是，雅典人以這種想法來吊念死者，便是對各人的死亡加以確定。而把小孩子的養育責任，都交由國家來承擔，由國家的經費加以付出，這便是接受試練的勇士，和他們小孩子彼此關係的特殊之處。伯利克雷斯將這理念徹底實施，使雅典成為諸城市國家所推崇的「至德之國」，國家繁榮。這完全是因為雅典人對死亡的看法，有相當獨到的見解。

蘇格拉底的精神

蘇格拉底的精神土壤，在這時便受到培養，他的思想如雨後春筍般，不斷的湧出。

這時代精神，是由勇氣、正氣、道德、知性和生死觀所構成的，這和蘇格拉底的思想，有一脈相傳的地方，只是現在沒有任何的有利證據可證實這點。蘇格拉底的精神形成便是在這個時代中，逐漸成長茁壯。

伯利克雷斯時代，可說是雅典的全盛時期，在政治上，有伯利克雷斯這位政治名將；在思想和哲學方面，則以蘇格拉底作為代表。在戰爭不斷的雅典，由於這二人的存在，使得文明之泉不致枯萎，然而在這二人相繼死去後，雅典失去了中流砥柱，因此漸漸衰退，他們再也沒有能力改革文化，於是不同的思想便發生了，然而卻無法突破前人的成就。

總而言之，雅典文化發展的期間，由蘇格拉底做為楷模，產生了柏拉圖和亞里斯多德這二位哲人，在這時期，也是雅典危機環繞的時代。紀元前四三〇年的夏天，大約是五月初旬，伯羅奔尼撒同盟軍再度入侵阿提加，同時雅典也流行傳染病，人們因戰爭和患病而相繼死去；當時蘇格拉底大約四十歲。

伯利克雷斯之死對蘇格拉底的影響

疾病的發生

雖然原因不明的疾病，在每一個時代都可能發生，但卻不能斷定是文明的象徵。但是，傳染病發生在伯羅奔尼撒同盟軍總指揮阿契戴摩斯率領三分之二的兵力入侵阿提加時，卻使雅典人方寸大亂。

醫生雖然盡了一切力量來拯救病人，但卻於事無補；病人蜂擁至神殿祈願，希望藉由神力來減輕痛苦，但陸續有人死亡，雅典人開始產生拋棄神力的救援希望了。

傳說，這傳染病是從埃及尼羅河上游傳染過來的，進而傳到雅典，這場疾病使得雅典人的生活失去秩序，一些從前認為可恥的行為，公然的表現出來；如富人死亡後，市民立刻從他身上拿走財富，這種一日之間的轉變，在當時是相當尋常之事。

雅典人對內，面臨疾病的威脅；對外，面臨自己的家園受到蹂躪，在這二種困難的相交逼迫下，每日在死亡邊緣掙扎。人在困惑時，就很容易迷信，因此，雅典人忘記一切祖先的教誨和訓示，他們相信「和伯羅奔尼撒同盟戰鬥，將會發生傳染病」的謠言，同時也將其它的傳說，改變成反戰的口號。

普洛塔格洛斯（Protagoras）曾說過：「人類是萬物尺度的裁定者」，在傳染病二年的侵襲下，原本小康的家庭，又回到波希戰爭前的貧苦，雅典人對戰爭的不滿和排斥，也就越來越深了。

人隨著年齡增長，而逐漸的衰老，不得不從光榮之中引退，伯利克雷斯便是一個例子。

由於伯羅奔尼撒大軍的侵入，阿提加的田園都被破壞殆盡，在這四十天的破壞行動，使得阿提加的住民，皆苦痛不堪。

紀元前四三〇年夏天，七月末時，蘇格拉底初次加入伯利克雷斯的軍隊，對抗斯巴達大軍。而此時伯利克雷斯的同僚指揮官哈陸隆，率領的四千名重裝兵，因流行性傳染病的關係，死去了一千零五十名，只好返回雅典來。他們面臨戰爭和疾病的威脅，同時自己的家園也遭到了破壞，因而他們開始責備伯利克雷斯；他們追根究柢的分析，認為是伯利克雷斯的專制，才引發戰爭的，於是希望能和斯巴達人講和。雖已派了談和使者前去，但卻沒有所期望的效果；所以，對伯利克雷斯的不滿就更深了。

伯利克雷斯為了挽回雅典人對他的信任和尊崇，並激發他們的自信和士氣，於是召開民議會議，對所有的雅典人發表演說。

伯利克雷斯的最後演說

伯利克雷斯基於利害關係，發表了一篇相當著名的演說。其內容如下：

「各位！你們認為我應為現在悲慘的狀況負責，但你們可否想過，我為什麼要這麼做？你們有沒有適當的理由來責備我呢？今天，我所要強調的是，『普利斯』的安全狀況，可以使個人獲益。更進一步來說，則是『普利斯』的利益，比個人的私利還要重要。譬如說，假如你個人擁有財富、幸福，而你的祖國卻危在旦夕，那麼，你的幸福也不會持久的，有如唇亡齒寒一般。假如你遇到了困難，而國家強盛，那麼，你很快的便會受到他人的拯救。所以，我們所有的人，都該下定決心為『普利斯』犧牲奉獻，決不可因個人利益而背叛『普利斯』，我們該同心協力的保護『普利斯』。

——我愛我的國家，決不受金錢的誘惑，也決不會輸給任何一個人。一個人如果有良好的判斷力，卻不能切實做到，就如同紙上談兵一樣。而一個具備正確判斷力又能切實做到的人。如果反對『普利斯』的話，將會替國家帶來更大的禍害。今日，有很多人口中高呼崇尚道義，背地裏卻接受賄賂，這些行為，都可能導致國家滅亡的。

——今天，如果什麼事都沒發生，我們自然有權選擇和平和幸福，然而事與願違，我也知道大家都不願打仗，但是，現在只有兩種情形可以選擇；其一，屈服在對方的淫威之下，屈服並歸屬於他國而成為奴隸；其二，冒著最大的危險，誓言獲得勝利。我們必須在這兩者之間，做出一個決定。

我的看法是，與其逃避危險，倒不如面對危險；數十年來，我一直抱著這樣的想法，並且付諸行動。然而，你們的意志開始動搖了，你們的信心也蕩然無存了；未開戰前，你們全同意我的主張，全力支持我；然而戰爭開始後，受到它的傷害，你們卻開始後悔，並且受到自己薄弱意志的影響，而懷疑我的立場。

為什麼大家會有這樣的反應？原因是波希戰爭的殘酷，清晰地留在每個人的腦海裏。它的痛苦，大家都已受到了，可是戰爭已在進行，結局究竟是怎樣的，大家現在都不知道。再加上疫病的蔓延，使得人心惶惶。現在，我希望大家能把『普利斯』當作自己的家，並以『普利斯』為自豪。

各位！真正財富就是力量，和它相比起來，地面上的財物就像是果園一般，就算是失去了，也可以用金錢再買到。所以，就算是失去了，也不要難過，只要能保有真正的力量，確守我們的自由，獲得勝利，我相信我們失去的一切，不久便可輕而易舉的得回。

各位，你們的祖先也是憑著自己的力量來獲得一切，打下這番局面的。唯今之計，只有守住『普利斯』，才能保有今日的雅典，假如守不住的話，所帶來的屈辱，會使人更難以忍受。

現在，為了守住榮譽，我們必須一決死戰，決不可由光榮中逃走，而我們的義務就是忍受無法忍受的痛苦，在歷史上留下光輝的一頁。因此，希望你們鼓起士氣和勇氣，爭取現在和未來！」

伯利克雷斯的這番話，說服了雅典人繼續聽他的指示。但是，過了不久，憂勞過度的伯利克雷斯便與世長辭了。

伯利克雷斯之死

伯利克雷斯究竟也無法戰勝死亡，他在伯羅奔尼撒戰爭開始後，只不過又活了兩年六個月，在紀元前四二九年十一月冬天，便與世長辭了，享年六十六歲。那時蘇格拉底大約四十一歲左右。

『英雄傳』的作者布魯塔克（Dlutarch）曾說過，伯利克雷斯是感染上傳染病而結束了他燦爛的政治生涯。他擔任雅典的最高指揮者的十幾年期間，政策傾向保守，作風穩健，可能是因為他的獨裁地位關係。總之，在他的政治生涯中，一切都很平靜、順利，他的政策是以民主政治為第一號召。

他頗有見識，從他的演講和辯論中，可看出他對全國人民的誠意，他熱愛「

普利斯」，將自己與「普利斯」合為一體，他不受金錢的引誘，確實做到「富貴不能淫」。這是伯利克雷斯的三個優點，也是身為一個民主政治家所須具備的三個條件。在當時的西方世界裏，只有伯利克雷斯具備這些條件。

伯利克雷斯死後，雅典就漸漸的沒落了；這個現象，事實上早在他未死之前就有徵兆。

其中之一，便是一小群政治家，專門反對他的政治主張；例如，以演說家著名的狄米特禾斯、克利溫、亞基比耳德等人都是他的死對頭，這些人不走正道，不顧大局而就眼前利益。嚴格說起來，他們只是一群短視近利的人。

雖然小事情，有時也可以扭轉乾坤，而一個成功的政治家，不能忽視小事；但是，除此之外，真正的政治家還須有洞悉大局眼光，擬定未來的計劃，而這些計劃必須是正當合法的。然而，伯利克雷斯以後的政治家，就缺少這樣的資格。

當時，有許多喜劇詩人喜歡諷刺伯利克雷斯，說他像奧林匹克的宙斯一樣。另外，因為他的辯論巧妙，而被批評為「希臘第一長舌」。然而這如同俗語所說的：「人怕出名，豬怕肥」一樣，這些惡評的出現，也正是人們出自內心的敬意和畏懼的表徵。

伯利克雷斯死後，雅典就常被伯羅奔尼撒大軍打敗，只有一次勝利的記錄，雅典過去的光榮逐漸逝去，燦爛的黃金時代，也不再出現了。而由力量和財富所造成的光榮，轉而表現在文化、藝術、思想、哲學等方面。

蘇格拉底、柏拉圖和亞里斯多德這三位巨人，創造了希臘哲學的黃金時代，也挽回了伯利克雷斯死後雅典的沒落，這是大家所熟知。

我們雖不能說他們是伯利克雷斯所遺下的文化資產，但卻不能否認他們與伯利克雷斯有密切的關聯；假使沒有愛奧尼爾的哲學、伯利克雷斯時代，和雅典人流血流汗所得來的寶貴經驗，蘇格拉底也不可能使他的哲學思想萌芽的。

蘇格拉底的活動

蘇格拉底的前期生涯

蘇格拉底

誕生

有關蘇格拉底的出生日期，歷史上並沒有留下任何正確的記錄，原因是當時的希臘並沒有官方正式的出生記錄，但是，大多數的人都認為蘇格拉底是在紀元前四六九年出生在蘇格拉底的愛羅匹格區。

這個「區」名字的產生，是由建立

雅典民主政治的先祖克雷斯提勒斯改革以後所命名的。在這以後，人們才開始以「某某區的某人的兒子」，來稱呼新生兒，而在改革以前，人們叫新生兒，叫做「某某人的兒子」。總而言之，蘇格拉底是出生在波希戰爭末期的。

蘇西德地斯在他的『歷史』一書當中，曾說波希戰爭是兩個海戰和兩個陸戰決一勝負的。意思是指，薩拉密斯和密禾卡雷的海戰，以及塔陸摩提拉和普拉第亞的陸戰。在普拉第亞，使用長矛的雅典兵佔盡優勢，打敗了波斯的弓箭兵。這場決定性的勝利後第九年，蘇格拉底就誕生了。

最早推測蘇格拉底出生在紀元前四六九年的人是柏拉圖，根據他的解釋，蘇格拉底被處死的時候正是七十歲，那時是紀元前三九九前，而蘇格拉底裁判死刑的記錄上，所登記的判決年份，正是紀元前三九九年的春天。因此，這個推算應該是正確的。

蘇格拉底雙親的名字，在史書上並沒有明確的記載，一般傳說，他的父親叫做索福羅尼克斯，母親叫做菲安娜蕾蒂。

蘇格拉底的父親索福羅尼克斯，住在雅典的愛羅匹格區，他可能是一位雕刻家，因為和當地有名望的阿里斯第底斯交往甚密，因此，該區人民對他都另眼看待。蘇格拉底曾半開玩笑的說：「我是德狄勒斯（Daedalus）的子孫。」德狄勒斯是雕刻家之祖。一般人認為，他的父親可能是工人、雕刻師或石工之一。

他的母親菲安娜蕾蒂，是一個接生婆，傳說她有很高明的接生技術，但是否是一個職業助產士，就不可考了。她與索福羅尼斯克結婚前，曾另有一次婚姻，育有一子，叫做巴德羅克斯。

蘇格拉底的這些事，都是由柏拉圖所說的，真實性應該很高！

家境和教育

我們不能因為蘇格拉底的父母是工人和接生婆，就斷定他家境貧窮。

A・E・泰勒，在他的著作『蘇格拉底』書中提到，由蘇格拉底母親菲安娜蕾蒂這個名字來看，她應該是良好家庭的女子。因此，我們可判定蘇格拉底誕生時，

雕刻家

他的家境不但不會差到那裏，而且可能是有身分和財富的家庭。

同時，柏拉圖在『克利多』中也提到，蘇格拉底的父親相當重視教育，凡是體育、音樂等基本教育，蘇格拉底都曾參與學習，並且索福羅尼克斯還會嚴格監督。所以，蘇格拉底不只在音樂上有所造詣而已（當時的希臘，音樂的教育範圍包括文學、藝術、歌劇、詩、天文、科學等；在希臘神話中，這些都歸詩神謬斯所管）。也就是這緣故，蘇格拉底不僅有哲學的涵養，也有相當的藝術修養。從這裏，就可以斷定蘇格拉底的家境應是不錯，否則怎能有機會學習呢？

蘇格拉底在紀元前四二四年當上重裝兵。重裝兵是一群裝備齊全的步兵，必須花費不少錢來購買，由此可知，他當時的家境是不錯。所以，我們可確認蘇格拉底出生至四十六歲這段期間，物質生活應該不虞匱乏。

年幼時代

有人傳言，蘇格拉底未曾接受教育，也未曾有著名的教師指導過，然而沒有任何的證據，可以證實這些臆測。

然而紀元前五世紀的時代背景，就是蘇格拉底最偉大的老師。在這光輝的世

雅典的阿康拉普利斯

紀中，出現了一些偉大人物，譬如，悲劇作家阿斯奇洛士（Aeschylus），他去世時，蘇格拉底已經十四歲了；另外兩著名的悲劇作家索福克里斯（Sophocles）和優里披底（Euripides），則比他大十歲。

同時，雅典政治名將伯利克雷斯，也只大蘇格拉底二十五歲，而伯利克雷斯也就是負擔阿斯奇洛公演國劇『波斯人』費用的人。

幼年的蘇格拉底，可能也看過『阿加勉農』（Agamemnon特洛依戰爭中，希臘軍的統帥）公演，他親自接觸欣賞到希臘三大悲劇詩人的每一齣悲劇。同時，他也親眼看到現已成為廢墟的巴特農神殿（Parthenon），還有欣賞到希臘菲迪爾斯

（Pheidias）的雕刻，以及伯利克雷斯時代，令人引以為傲的大建築物，當時這些建築物都以完整的風貌，呈現在蘇格拉底的面前。

這是一個感覺敏銳，探究心強的時代，從這些作品的接觸和感悟，對一個人的生涯，往往有重大的影響。從舒力曼所著的『古代熱情』書中，便可想像到這一點。A・E・泰勒曾說過——

「海洋帝國雅典成長期的提諾斯同盟，是成立在蘇格拉底誕生前十年。這個同盟是亞細亞和愛琴海諸島的希臘人，為了皇位而組織的；當時，雅典被選為盟主。要對付波斯，必須有強大的艦隊，因此，強大的國家負責船隻和船員，其他各國則以錢財支援；同時，同盟國的基金，則放在提諾斯島的阿波羅神殿統籌管理，就是如此，又叫作提諾斯同盟。紀元前四六一年，伯利克雷斯的民主政治基礎已十分鞏固，蘇格拉底那時也能注意到他周遭所發生的事情了。」

對少年的蘇格拉底而言，他所面臨的時代，實在太劇烈了，然而他始終抱著不屈的信念，追求清高、樸實、美麗、善良的人生，這追求崇高生活的決心，在蘇格拉底心中萌芽、成長，雖然面臨時代的考驗和衝擊，為了報答的心理，依舊嚴格要求自己，人對偉大和殘忍的遭遇，如果沒有明確的指示方向，誰會做這種決心呢？然而少年時代的蘇格拉底，滿懷著使命感，從另一個角度來看，可以說是和他的晚年連在一起了。

青年時代

人的生涯中，從青年時期便可看出晚年的暗示。蘇格拉底不同於他人，是一個天才，是大家都承認的事實。但是，他青年時代的事情，卻沒有任何顯著的資料遺留下來。

有一個傳說，蘇格拉底繼承他父親的工作，也成為一名雕刻師，但是，這是幾歲時的事，已不可考了。有一位著名的旅行家毛沙尼亞斯，在西元後二世紀時寫了一本書，書名為『希臘旅遊介紹』，裏面指出在阿庫拉普利斯入口處有一尊「美麗的女神像」，傳說是蘇格拉底的傑作，可是並沒有青年期蘇格拉底的證據存在，所以直到現在，史學家仍不相信這個說法。

像蘇格拉底這樣的人物，一定會有很多傳說流傳著，而有的傳聞是相當具有可信度的。今天，我們也只能由傳說中來揣摩蘇格拉底年輕時的情況。比如說，有人傳言，蘇格拉底是專放高利貸的人，可是喜劇作家阿里斯多芬尼斯（

Aristophanes）曾以蘇格拉底的事蹟，作為故事的題材，而寫了一齣名叫『雲』的劇本，但是，其中並沒有提到蘇格拉底是放高利貸的人。事實上，蘇格拉底的青年期一直是個謎。

一提到青年期，就不免扯到愛情，有關蘇格拉底的異性之間的事情，並沒有資料傳下。而當他已經七十高齡時，卻還有個襁褓中的幼兒。如果說他對男女間的性愛，抱著相當柏拉圖式的看法，似乎又不太正確。然而在當時混亂不堪的雅典社會裏，他又是出名的節制家，因此，他在這種疾風怒濤的時代中，是否在感情上，找雅典的娼妓處理他的慾望，我們也無法肯定。

阿里斯多芬尼斯

蘇格拉底相信靈魂獨立且不滅，如果按照這個邏輯加以推敲，蘇格拉底的生活應該是很單純的，他天性善良，關心天下的所有事情，對性愛不可能漠不關心的。

蘇格拉底是一個神秘的人物，而他成為愛意的象徵也曾表現出來，他的性慾夾雜在神秘與慾望的氣氛裏，這對他而言，就是他所傳下來的「同性戀」。柏拉圖在『饗宴』中曾提到這一點，這可能是當時雅典的風氣。文化發展到一個階段，人對愛情就會產生一個變化。的確，當時的雅典，已是文化和藝術的麥加了，然而蘇格拉底和亞基比耳德（Alcibiades）的交往，被稱為是「蘇格拉底的愛情」，或是「同性戀」？就蘇格拉底的立場而言，這實在是一件神秘的事。

蘇格拉底的愛情

蘇格拉底的愛，大都是因為性格上的關係，柏拉圖在『饗宴』中說過，蘇格拉底對美麗的外表著迷，甚至到達狂戀的地步。

蘇格拉底會用真心來面對他所喜歡的人、事，譬如，神的黃金飾物、美麗的東西、吃驚的事務等。因此，亞基比耳德對蘇格拉底對他的外表所狂戀，感到相當的幸運，他認為只要順著蘇格拉底的命令去作，便可從他的內心中發掘出珍貴的東西。

於是，當蘇格拉底和他獨自一對一的相處在一起時，亞基比耳德便以愛人的說話方式對蘇格拉底撒嬌，希望在蘇格拉底高興時，能挖心剖肚的將所知之事告

亞基比耳德

訴他，然而卻沒有絲毫的效果。

同時，亞基比耳德認為對蘇格拉底，應採取猛烈密集的攻勢，決不可以輕易放棄，必須知道蘇格拉底的心事才可以。

正如幼稚的愛情般，亞基比耳德經常邀請蘇格拉底一起吃飯，但蘇格拉底並沒有答應，後來禁不起亞基比耳德的力邀，才答應去吃飯。吃完飯後，蘇格拉底想立刻離去，但總會被亞基比耳德以時間太晚了的藉口，留他在家裏過夜。

在二人單獨睡的床上，發生了不正常的行為，亞基比耳德有如被毒蛇咬到一般，緊緊的抓住了蘇格拉底，這種痛苦，只有了解過後，產生同情，才會有的經驗。也就是說，蘇格拉底被亞基比耳德愛的言論所刺痛，而在他的心臟和靈魂，都產生劇烈的痛苦，如同被毒蛇咬過一般。

他們之間的談話，抓住了亞基比耳德的年輕的心，便如同被毒蛇咬住般，什麼事都可做、可以說。而亞基比耳德曾對蘇格拉底說：「你最適合作我的愛人，但至今你一直猶豫不決，不把心中的想法告訴我；只要不合你心意的事，我都不去想、不去做，對我而言，沒有比成為完美的人更重要的事，只有你是最有資格支持我的人，希望你能答應！」

蘇格拉底回答說：「親愛的亞基比耳德，你真不是一個傻瓜，如果你剛才說的話是真的，我真的能夠幫你，使你的靈魂變好的話，那我心中一定有奇特的力量存在，使你發覺到還有比你的外表更高貴的美。你一直企圖利用你的外在美來換我的內在美，為此和我交往，希望獲得好處，不僅如此，你拿毫無價值的美來換取真實的美，就如同拿青銅換取黃金一樣。但是你要考慮清楚，不要誤會我有什麼和常人不同的地方，肉眼看不見時，人心的眼才會張開，可是你離這個境界還很遠！」

亞基比耳德說：「我剛才所說的，太過不經大腦思考就說出來了，但是你仔細的想想，整個事情的發展，對我們雙方都有好處的，希望你能往好處看！」

無可奈何的，蘇格拉底只好說：「你這種說法也是有道理，既然如此，以後我們二人就一起對善的事務思考和實行吧！」

亞基比耳德的話，深深的傷害了蘇格拉底的心，於是亞基比耳德，便將外套蓋在蘇格拉底身上，雙手抱著他而睡覺了。

經過了這項刺激，蘇格拉底戰勝了亞基比耳德的美，並進而輕蔑、嘲笑和侮辱他。而他認為美麗的東西，應該是很了不起的東西，因此，當他和亞基比耳德睡在一起，正如父兄睡在一起般，沒有任何超越本份的舉動發生。

這被稱為「蘇格拉底式的愛」，相當的具有神秘感。在柏拉圖的『饗宴』篇中，曾提到蘇格拉底和亞基比耳德共同參加波提戴亞之役，當時是紀元前四三二年，蘇格拉底為三十八歲。

亞基比耳德比蘇格拉底小十五至二十歲，當亞基比耳德為少年時，蘇格拉底已是三十幾歲的人了，然而他們的關係繼續維持下去，可說是「神秘美」的一種典型。

在人的生涯當中，秘密就像影子般的跟在我們身旁，它超越了善惡的範圍；有了它，人類才能保有求生的慾望。

只要這些秘密的作為不是虛假的，就可被允許，蘇格拉底也不例外，只要能將人的生涯影子開發，便能解開人類生活之謎。但是，那個影子很難表現出人的本性。蘇格拉底平常常以開玩笑的口吻說，自己是「愛的老手」、「一身為愛神而犧牲」等話。

那些縱然是玩笑話，但從中可窺看出蘇格拉底內心的一面。關於這一面，柏拉圖和贊諾芬都曾強調，不要忽視蘇格拉底的戲言，也不要誤解他，而批評他偉大的人格。因為蘇格拉底被帶到法庭的控告理由中，有一個罪名便是與亞基比耳德有關，罪名是「迷惑青年」。

亞基比耳德和蘇格拉底的這件事，是以蘇格拉底的純潔和道德思想為前題。蘇格拉底置身在感情的濁流中，而不是成為官能享受的俘虜。

蘇格拉底在官能的享受和感傷的風暴中掙扎，最後他將這份神秘的愛獨立、淨化在這場風暴之外，在蘇格拉底心中，他並沒有沈溺在愛情裏，而是希望和這位美少年維持著純粹之愛。因此，對亞基比耳德的疑問，成為蘇格拉底獨自單打獨鬥的問題。

不管是什麼愛，只要沒有愛的對象便無法成立。蘇格拉底將美少年當成對手攜帶著，不會過分的溺愛他，而是帶著純粹性的期待，在這雙清澈、明亮的眼睛中，看到了無限美麗和頗具魅力的事物，這大大超越了人類的夢和想像，終究其精神，蘇格拉底不可能不知的。

戀愛的人，一旦超越了最後一線，便會產生變化，在日常生活中，便給了我們很多純粹性永遠的愛只有一瞬間的啟示。一旦越過這一線，就如同神秘的面紗被掀起，兩人間的這一條相連的線也會斷掉。

這是精神懦弱的結合，也是肉體官能強大的緣故，這種行為將會使二人忘記距離和時間的界線。如果能放棄官能的享受，便能得到精神相交通之處的神秘愛本性。蘇格拉底的「同性戀」和「神秘愛」，愛美少年在本質上和愛女性一樣，也是同樣陷入愛情的苦惱中。

青年的蘇格拉底，我們可看出他熱情的愛，和宗教上神秘家的一面，或許有些人也具有這種個性。

我們今天所要了解的是蘇格拉底的才識，至於他的神秘愛，我們無須加以強調，但是，這是蘇格拉底影子形成的要因，從這裏我們可看出他思想的一面。靈魂不滅的信念，不能說是和這份精神之愛無關。

蘇格拉底的回心

外貌和打扮

「蘇格拉底」這個名字所代表的意思，便是「健康的力量」，這名字雖然和他本人的長相沒有直接的關係，但是，他的精神上確實有不尋常的力量，這是他的天性，也是他後天訓練所堆積而成的。

在傳染病傳染一段中，我們曾提到在他七十歲時，仍有一個如孫兒般大的兒子，可見他體力之強。他的生活非常簡樸，不僅自己節制而已，還常常勸告別人如此做，因此，他所要求的很少，生活也很簡單，食物對他而言，只要能填飽肚子即可，他說：「吃簡單的食物，才能品嘗出食物的美味。」他從來不會挑食，也不會嫌食物難吃。

在衣著上，無論是夏天、冬天，蘇格拉底都穿同一件衣服，這件衣服的質料相當尋常，一點也不高級。他習慣赤腳，在寒冷的戰場上，也泰然出入，裸著腳在冰上行走，他有一個稱呼便是「天生不讓鞋店的人賺錢」。在阿庫拉市場中走路，大家一眼都可看出蘇格拉底，不只是因他特殊的打扮，同時，也因他獨具一格的外貌。

蘇格拉底奇特的外貌，最引人注意的即大而向上的獅子鼻，他的鼻孔很大，兩眼相距很遠，雙眼發出懾人的光芒。他的外表很醜陋，走起路來也像是走路的鴨子。有人或許會說他的外表，可能會嚇跑許多人，然而事情卻是相反的。

蘇格拉底

雖然蘇格拉底相貌不洋，但本人卻獨具魅力，和他交談過的人，都會被他親切明朗的態度所吸引住。他具有高貴的內涵的象徵。若再和他進一步交談，就可發現他談話內容範圍相當廣闊，而且具有幽默感。

同時，他很會喝

酒，卻不會喝醉。對我們而言，或許他喝醉後，會留下更多的哲理吧！並且他這奇特的外表，也可能是被故意污損的，希望能毀滅蘇格拉底的偉大，然而事與願違，這特異的地方，反而使蘇格拉底有更高的評價，而不會產生負面的影響，更使我們專心在他的特色和人品上。

風貌的評價

人在四十歲時，要為自己的外表負責任，因外表是內心的外面化。內心如果醜陋的話，外貌也無法美麗。那麼，蘇格拉底究竟有什麼評價呢？

看過希臘人的雕刻後，就可知道他們相當注重內心和外在的相互影響，凡事都應以調和的精神出發。他們認為美麗的靈魂要寄託在美麗的肉體上，更認為有健康的身體後，才會有健全的精神。蘇格拉底長得很醜陋，但他的精神是不是醜陋呢？

希臘人一致認為蘇格拉底是一個奇妙的人，蘇格拉底並不是美男子，然而他卻有高貴的靈魂。身為一個希臘人，美麗的靈魂應留在美麗的肉體。

尼采曾形容蘇格拉底是「醜陋的希臘人」，根據他的解釋，「醜陋」本身就是一種「反抗」，就希臘人來說，「反抗」代表「否定」的意義。由此可推斷，蘇格拉底應是最早的現代人。

尼采的解釋相當的敏銳，蘇格拉底的外貌可說是為了打破調和之美的侷限，這可說是身為現代人的蘇格拉底，要以他本身的醜陋來對希臘人根深蒂固的觀念作反抗的意志。

我們不能否認，蘇格拉底活在現代人心中，從丹麥哲學家吉爾凱高特（Kier Kogard）所寫的蘇格拉底『反語法的概念』一書中，便可了解到這一點。一位姓名不詳的希臘作者，曾對蘇格拉底的外貌作過一番評論，他說：「好人有時看起來很卑賤，有時看起來卻又很高貴。」蘇格拉底以最少的特質享受，過著自由的生活，從縱情享樂之處退身，不失去自制之心。

這個舉動，或許加速了他的老化，但卻依然保有內心的美麗。天生外表的醜陋，並不是代表靈魂的醜陋，蘇格拉底便是一個最好的證據。

奇異的徵兆

人如果有特殊的性格象徵，反而會比名字來得吸引人注意，蘇格拉底便是這樣一個代表。傳說蘇格拉底可以聽到一種「神秘的聲音」或「奇異的徵兆」。這項傳說，加深了人們對蘇格拉底的印象，也成為他的本質。

這個「聲音」，他從小就聽得到，而且是突然發生在他身上，這顯然是他活著的標誌，這個徵兆後來被稱為「守護靈」，而柏拉圖將這個現象稱為「奇異的徵兆」或「奇異的東西」。

一旦這奇異的聲音纏住他時，他就會進入忘我的世界中，精神恍惚，他並不是在思考或探究某些事情，而是在體驗某種神秘的事情，這就是冥想。

他冥想的時間和地點並不一定，而是突發的。冥想時，他對周遭的事物都沒有任何反應；冥想時間長短，也沒有一定的準則，有時長，有時短。譬如，他在波提戴亞的陣地中，整整站了一天一夜。蘇格拉底的親朋好友全知道這件事，以後只要他在冥想，便不去妨害他，隨他而去。

究竟蘇格拉底在體驗什麼，周圍的人都不知道。他是否在聆聽「神的聲音」或是接受「神的委託」呢?如果是的話，他會照著神的指示去做吧!

在他心中究竟發生什麼事?這起自然的聲音，似乎是在向他提出某種警告，如果他忽略了這種警告，就會有不幸的事發生。既然如此，又和「良心之聲」有什麼差別呢？

一旦有危險逼近，或是有不幸的事發生時，這種力量便會緊緊的抓住他。蘇格拉底非常重視這個聲音，並且遵從它的指示。這個聲音，不僅指示蘇格拉底該如何做人，有時也會提到他朋友的作為。這指示，並沒有正邪的區分，它並不發出與倫理有關的行為指示。

根據A・E・泰勒的說明，這種「神秘的聲音」，事實上便是一種對「凶事」的敏感嗅覺。蘇格拉底忠於這種聲音，便不會有不幸的事發生。因此，到處都有人傳言著，蘇格拉底是被這種「奇異的東西」所教育的。

有人甚至認為蘇格拉底妖言惑眾，另立新神，這也就是蘇格拉底被控告的理由之一，促成他被判死刑。所以，對蘇格拉底而言，他這特殊的感應力，不可不說是一項凶兆。

奇怪聲音的實例

蘇格拉底有「幻視者」和「忘我、放心」的二樣素質，這和迷信不同，寧可說是具有神秘主義的傾向。

但是，我們可說這種現象，是身為賢人的合理性，和作為哲人優異的一面，也可說是幽默感。有一次，他受邀參加亞加唐（Agathon）的饗宴，他一面走一面專心思考，因此走得很慢，後來他請同行的人先走，自己卻走到鄰人家門口，站著一動也不動，別人叫他，也沒反應。這種情形常發生，不管是什麼地方，也不會避開人群，常會陷入冥想當中。

不久，蘇格拉底來到亞加唐的家，亞加唐希望蘇格拉底能訴說他所產生的妙想，否則他不會站在別人房子門口冥想。

蘇格拉底回答說：

「智慧這種東西，如果在我們之間互相接觸，會從我們當中比較多的一處流到比較匱乏的部分，正如滿滿的一杯水，會透過毛線，流到空杯子中一樣。」

姑且不論這種奇異的聲音，是用什麼方式傳到他身上，只要服從它，就是對神絕對信賴的表現，先不管這是不是神論。對蘇格拉底來說，那絕對是值得依從的聲音。蘇格拉底以他與眾不同的方式敬神，一般人是以神擁有常人所不知道的力量，因此尊敬他。

而蘇格拉底則認為神擁有廣大的神力，了解人類的言語和行為，甚至內心所想的事也不例外，站在人類的立場，對人類的行為進行告誡。

事實上，他的朋友曾勸蘇格拉底，在裁判官的面前，做錯誤的辯論，避開死刑的宣判，甚至無罪的開釋。蘇格拉底回答說：「我也曾想過這件事，然而我的神靈反對這件事！」

為什麼神靈會反對呢？實在令人百思不解，然而，蘇格拉底決定遵守他的指示。究竟這神靈的聲音，究竟是以什麼方式傳到他心中，我們不知。但是，好像不是幻想和靈感而已。

並且他對親密的朋友也如此說：「只要照著自己所想的最好方式去做，只是不知結果如何，遵照著神的指示去做吧！」凡是木工、打鐵、耕作、監督、工作的審查、計算、經營、軍隊的統率技術，都是值得學習的事，也是可以憑著人類的智慧加以掌握。

但是，這些事情的深處，仍隱藏在神所掌握中，不管是何人，都無法清楚得知，蘇格拉底這樣的認為。

將神當作全知者，而敬神，甚至對他所傳過來的神秘東西加以信賴。在幻視中達到忘我之境所聽到的聲音，是來自神的指示，蘇格拉底要接受到的話，並需要一切放下，與神合而為一才可。也可說是蘇格拉底的靈魂離開了肉身，和神在一起活動吧！

在希臘語中，可說是「守護靈的工作」，或是「工作的人」的意識。這守護靈一生伴隨在蘇格拉底身旁，的確蘇格拉底具有宗教上的素質，由此可加以斷定。

宗教的神秘家

宗教對人生的意義，就如同追求真實的哲理一樣，和人類共同生活著，並且產生密切的關係，因此，人不可能不對死後的世界產生興趣的。

不管是土葬、火葬，將骨灰撒於大海，裝飾著花朵的葬禮，或不舉行葬禮等，

神殿的女巫

都有種種不同的埋葬要求。然而這些都只是散心和夢想而已，卻足以顯示人類對宗教的感情。那是自己無法預知的死後世界，相當的陌生和害怕，因此，對蘇格拉底對死的看法，懷有相當的好奇，所以，當蘇格拉底提倡靈魂不死說時，保持相信的態度。

蘇格拉底堅決地認為靈魂不滅和來生一樣的重要，他認為天國和地獄都只是宗教上的神話，只是幻想，並不足採信。有人稱蘇格拉底所提倡的說法，是奧諾斯（Orphevus）教，因為蘇格拉底常把他拿出來作介紹，在柏拉圖的『對話錄』裏有詳細的記載（奧諾斯是希臘荷馬故事裏的音樂家）。

雖然每個人都有神性，但卻很容易便沈淪，因此，必須透過齋戒的方式，才能從黑暗中解放。生和死，都是靈魂居住在肉體裏，靈魂永遠不死，卻會寄居在人體和動物身上，經歷生死輪迴。這就是奧諾斯教的教義，他說明了人神合一的觀念，和荷馬式的情節，成為強烈的對照。

奧諾斯教的宗教主張，是神永遠不死，而人一定會死，神和人之間的差別便在於此。它所強調的是人的神性，並且認為每個人都是一個神，這也就是希臘人的最高理想，希望成為一個神。

蘇格拉底了解這些事，我們不能說他沒有受到影響。最早將宗教和科學合而為一的，便是畢達哥拉斯教派，這個教派是從義大利南部傳到希臘，對蘇格拉底的思想形成，有很大的幫助。在伯利克雷斯時代，宗教上的世界，也正從盛行的畢達哥拉斯教，轉變為蘇格拉底的宗教時代。

風土

畢達哥拉斯

人的天性，會受外在環境的影響，關於這點，蘇格拉底自然也不例外。

蘇格拉底出生於紀元前五世紀，是距離在愛琴海的美理塔斯（小亞細亞西岸的希臘古城）所產生的哲學和科學中心，大約差了一百年。

然而在伯利克雷斯的領導下，雅典已是政治和商業中心，也是各方思想匯聚之地，對於渴求知識和強烈好奇心的人來說，伯利克雷斯時代正是他們的黃金時期，經由愛奧尼亞（Ionia）的數學天才畢達哥拉斯，將科學和哲學合而為一，從愛琴海地區傳到南義大利處，東方的文化也是在此時漸漸的傳到西方。

愛奧尼亞這地方，在雅典的天空上，閃閃發亮。人們開始以不同的角度來觀看天空。東西方文化，諸如天文學、醫學、生物學等各方面，都彼此受到影響，而影響不只靠經驗的判斷，而是依照理性的思考。

蘇格拉底在青年時代，相當熱中於自然科學知識，像是東方的一元論，西方的二元論和多元論等。他認為萬物的形成都是由土、水、火、空氣所組成，然而經過不斷的思考，卻好似陷入「矛盾」，從合理的角度出發，避開矛盾之處，像哲學家帕美尼狄斯（Parmenides）和他的徒弟季諾（Zenon）都是如此。

漸漸的，研究的對象從自然世界所見的，慢慢改變了方向。因此，在政治和道德急劇變化之下，無法照著傳統和習慣來評斷，而政治和立法上，也經過相當的考量。

總之，這個世界正面臨著原則訂立的時代。

知識必須以現實的目的來使用，而利字當頭的教育家也出現了，解說者在這時代也存在著。對善惡、道德和思慮，私事和公事，都必須經教育知識後，而巧妙的加以處理。想滿足人類權力和功名的野心，就必須要靠這些解說者，教導有關正確的知識，於是，許多毀滅者便乘機活躍起來了。

精神的發現者亞拿薩哥拉斯（Anaxagoras），雖然不是毀滅者，但卻教過伯利克雷斯。他對蘇格拉底的思想形成，有很大的影響，他也是受到伯利克雷斯政敵不實的控訴——「不敬」之罪，而逃離雅典。

柏拉圖在「斐陀」中，堅信蘇格拉底和帕美尼狄斯、季諾認識，而帕美尼狄斯便是提倡人是萬物尺度的人。蘇格拉底的人格形成在這充滿智慧的土地上，自由的萌芽發展，親近人道主義的土壤，是一件很自然的事。

自然的研究

自古以來，人類就對自然充滿了好奇心，每一個時代，都有人為了滿足好奇心和知識而不斷的探究著。而人們從自然中，也受到了很大的恩惠。當然年輕的蘇格拉底，也將自然視為一個可供研究的對象。

蘇格拉底在『回憶錄』中曾被記載著，他常想萬物如何形成？希望這問題能獲得解答。以下的這段話，便是蘇格拉底費盡心力，所得到的結論。

「我年輕時，很多人都以為我對自然科學方面的知識，有著相當的狂熱，那是因為我對萬物的產生、消失和存在，有著濃厚的興趣。然而經過合理的反覆思考後，依舊無法解釋這原因。

萬物是不是冷熱變化所造成的？是經由腐爛的步驟，進而產生其他生物嗎？還是由血液所組成？或是經由空氣、火等元素所創造出來的？腦袋中的所思、所聞、所嗅皆會產生記憶和意識，對天地相關的東西做觀察，更進一步的，我們便會獲得知識。

這個想法，或許是相當合理的推測，然而對我而言，可能因為個人的才智有限，因此，我採用另一個角度，來觀察這萬物的變化。

從前，我所獲得的知識，大多是來自他人的教導，但是，為了考察萬物形成與變化，我將自己所學的知識全丟到一旁，結果發現以前認為自己應該懂的事，現在卻感到相當的陌生。

小時候，因一切都很順利，不會特別去鑽研，就如同水生水、肉生肉，小東西聚在一起變成大東西，這樣的理所當然的認定。舉個例子來說，十比八大的原因在於八加二等於十。

然而，我卻不知道原因，為什麼一加一等於二？我一直無法理解，因為他們分開獨立時，都代表一，而當兩個一湊在一起時，又變成二的原因，我一直搞不懂。又為什麼二是由二個一所湊成，我覺得相當不可思議，因為我認為自己無法了解這個原因，靠我採用自然學所謂的機械方法，是絕對無法獲得答案的。」

亞薩哥拉斯

是有名的精神、知性的發現者，他認為這是一切行動的根源，和以往所提倡的哲學家地、水、火是萬物的根源見解不同。

和亞拿薩哥拉斯的相遇

人的一生都會面對好幾次的抉擇，蘇格拉底當然也不例外。他投身於自然的研究中，獨自一人在黑暗中追求自己的道路。在追求的途中，他讀到了亞拿薩哥拉斯的著作。

亞拿薩哥拉斯主張精神為萬物建立了秩序，也是萬物存在的原因。蘇格拉底在亞拿薩哥拉斯的書中發掘到「萬物生存的原因」，因而高興異常。因為「理性（精神）是維持萬物秩序的原因」，這句話對他而言，相當的有意義，他認為自己已找到通往所追求的獨特世界的路徑了。

也就是說，透過精神（理性）規定了萬物應存在的地點後，每樣事物都站在最適當的位置，按照一定的法則運轉著。人類如果想要發現每一種東西是如何誕生？如何消滅？如何存在？就必須先了解別的東西對它的影響，也需知道它本身對別的東西的影響，唯有如此，方能了解到萬物究竟在何種狀態下，建立了良好的秩序。

根據這個論調，顯然人類必須先考察人類本身，及其他與人類有關的事物；並且這個人必須了解有關惡的知識才行，這樣，了解萬物原因，才能達到亞拿薩哥拉斯境界。

蘇格拉底剛開始時，以為已找到了真理，因此相當高興。

然而，蘇格拉底期待進一步瞭解大自然，瞭解天體的運行。如地球是圓的，還是平面的？

當然，這些都必須有明確的證據才能證實的。如果能有理由可加以解釋，便也可以解釋太陽、月亮和其它星球的互動關係？他們是如何移動的？為什麼呢？假如他們都基於理性而建立著秩序，那他們現在的狀態，便是最好的情形，而彼此之間的影響，也就是共通的原因，就應該是相同的。

相信某一件事是相當重要的事情，然而一旦自己所信賴的事和自己內心所相信的事有了距離後，在內心所沈睡的意識便甦醒了。蘇格拉底相信亞拿薩哥拉斯的主張後，剛開始時，的確感到高興，然而在蘇格拉底潛在的意識抬頭時，蘇格拉底與亞拿薩哥拉斯分道揚鑣了。

「我滿懷著希望閱讀亞拿薩哥拉斯的書，然而越讀越覺失望，亞拿薩哥拉斯這個人，並沒有用使事物有秩序的精神，也不說明原因，而將理由全推給空氣、水、火等其它無意義的原因。因此，我認為這個人所說的事情，就算再看下去，也不會有任何助益的。」

蘇格拉底的一切行為，都是受精神指示來實行，如果說所有的行動都由精神來指揮，就稍嫌不足。而輔助原因便是骨頭和肉的形成，骨頭和肉雖是分離，但仍有相接連著，肌肉因他而能夠伸縮，而骨頭在骨窩中活動，使肌肉鬆緩著，使我們的身體彎曲自如，也是如此，我們才能曲腳坐著。

總而言之，對以上的原因解釋，蘇格拉底覺得毫無意義。因為身上所具有的東西，並無法解釋我們為何要做此事的動機；而執行的決定是靠精神來作的，而不是選擇最好的方法。他認為：

「每件事情，如果沒有找出真正的原因，其它的輔助原因都是別的東西。如果無法清楚分辨，實在令人吃驚。副原因只是一種條件的意思，然而卻有很多人陷於這泥沼中，在黑暗中獨自摸索，甚至找些不合理的理由來將它變為原因。以我來看，就是這樣子的情形。如果認為將善和惡結合，便可保持或結合事物，是相當錯誤的看法。假如有人能對此說法，提出相反的意見，那麼，我願意做他的徒弟！」

於是蘇格拉底便與亞拿薩哥拉斯正式訣別，離別對自然的研究之路，轉換至言論方面。而言論之路則可說是對「辯證法」或「問題法」主義的研究方向。

苦悶

每個人都有自己不可解而別人又無法代勞的問題，這就是苦惱的根源。每個人的苦悶時期各不相同，有的人很長，有的人很短。蘇格拉底的苦悶時期，大約是在三十至四十歲之間，也有人傳說他是在二十多歲時便遭遇苦惱期的。

原本，蘇格拉底對亞拿薩哥拉斯學說，抱著無比的期望，然而蘇格拉底卻無法容忍將副原因當作真正原因來解釋萬物。他本身並沒有真正的老師，他自己當自己的老師，在黑暗中獨自追尋著真理。就如同一個孕婦，在為生下自己的小孩而陣痛著。

但是，在水中觀察太陽的反映影子的研究時，會使眼睛受到傷害，因此，必須避開這種傷害才行。

蘇格拉底就亞拿薩哥拉斯所著的書，進行紙上推演，避開問題之處。用眼睛和感覺來觀察事物，會不會使靈魂麻木呢？如果是這樣，便須避開實際的體驗，改由言論的爭辯來避難，繼續研究事物的真理。但是在思考事物時，不能老是站在事物影子的背後來研究，因此，必須先做合理確實的假設，然後將「其它一切存在的」東西的形成原因，和言論的思考相配合，原因一致的話，便是真正的原因；而不一致的，就認為不真實的理由。

回心轉意

每個人都有自己天生的使命，假如自己沒有發現的話，就必須藉由老師和朋友的力量，來察覺自己的使命。

蘇格拉底藉由亞拿薩哥拉斯，使自己的思想生命成長。而踏入真實的研究領域，而發現自己在人間的使命，而對知識的探討，有一百八十度的轉變。這個使命，傳言是阿波羅神所寄託在他身上的。

觀看蘇格拉底的知識探討生涯，可發現他有幾次站在人生路徑的轉捩點。

第一，從研究自然到研究人類的變化，蘇格拉底剛開始時盡心研究自然，後來發現人類的靈魂比樹木、星辰、石頭更為重要，因此，開始考察一切思想的真實性。

第二，他有代表全人類自覺的使命感。

第三，從被控訴到被判死刑，他都致力於靈魂不滅的自覺問題。

過去的哲學家，都沒有主張象徵他本身的智慧，那不僅是知識而已，而是承認自己不是智者的智慧。然而蘇格拉底自認為不是智者的想法，反而使他不朽。

蘇格拉底曾透過凱利鋒，說出阿波羅的證言——「永遠的福音」。

當他說出這段話後，陷入吃驚的漩渦中，經過反覆的思考後，依舊無法解開這個謎。從內心真心接受，是經過嚴密思考、虛心求教，想要解開被阿波羅神稱為賢者的秘密，而領悟到一個簡單的真理——「知之為知之，不知為知之，是知也」。雖然這是一個簡單的真理，但在追求的途中，卻是充滿困難的。由蘇格拉底為明瞭真理的事實時，所表現出來的持續追求力，便可知道他的真面目，這也是他偉大的地方。

神託

凱利鋒是蘇格拉底的朋友，不管做什麼事都相當的熱心。但由於他瘦小、蒼白，因此被朋友叫他為「蝙蝠」或「夜的孩子」，阿里斯多芬尼斯及其他喜劇作家，都常用這外號取笑他。他曾到德菲爾（Delphoi）神殿，請求神的指示。凱利鋒問阿波羅神，究竟誰是世上最有智慧的人？女巫回答說：「沒有人比蘇格拉底更有智慧！」

蘇格拉底聽到這段話後，感到很迷惑。他想著：「神究竟有什麼暗示呢？或是有指示告訴我？」他自覺自己並不比別人聰明，也不比別人有知識，而神卻說他是最有智慧的人。神是不可說假話的，因為說假話就不是神；他為了思考神的口喻，想出了一個辦法。那就是，找出一個比自己更有智慧的人，來反駁神的旨意。因此，蘇格拉底將政界的大人物，視為智慧的對手，進行辯論，期待能找出比他有智慧的人來。

阿波羅的神託

結果蘇格拉底發現有一個人，大部分的人都認為他很有知識，而他本人也是如此認為。但經他仔細觀察後，發現他並不是這樣的一個人，並且自認自己有知識的人，實際上反而沒知識。

「我想讓他明白自己的愚昧，沒想到他卻認為我羞辱他，因而怨恨我；而他周圍的人，因不明瞭真實的情況，也對我產生誤解，因此我只好離開。但是，每當我獨自一人時，腦海裏總會浮現這樣的念頭：我比他有智慧。或許，我們都不知道喜與美，但這男人卻自以為知道；而我雖不知道，但沒有自認為自己知道，所以，我應該是比這人聰明。更進一層的，我也到過其他看起來很有智慧的人那兒去進行辯論，然而結果卻都是一樣的。許多被認為有智慧的人，都以為自己是很有知識，事實上卻是毫無知識的。如此看來，神的證言不是空穴來風的。」蘇格拉底曾說過這樣的一段話。

名聲

蘇格拉底繼續找尋比自己有智慧的人，每一次都會因得罪人而引起別人的不滿，因而被人憎恨著。但是，這種情形反而使他更出名，也因此使他走上被控訴的道路。換句話說，這種被控告的結果，其因來自他諷刺性的性格，使他無意中得罪很多人。

事實上，這不單純是命運的安排，也有現實冷淡的投影。不管相不相信神，這像是一場在人生舞台上表演徵求智者的劇情。柏拉圖在『對話錄』中的『辯白』篇中，引述了蘇格拉底的一段話，內容相當有深度，很值得我們重視。

蘇格拉底認為人的周圍，都有許多追求名譽，憧憬權勢，愛錢如命的人，他們將真實當作小蟲般，任意踐踏，而且這種人，多如天上的星星，數也數不盡。蘇格拉底的這種體悟，正是他人生的轉捩點。傳說德菲爾神殿的阿波羅神，他所詔諭的證言是這樣的：

「索福克里斯很聰明，

優里披底更聰明，

但在萬人之中，

蘇格拉底最聰明。」

蘇格拉底在研究人類時，將「無知」和「無知之知」互相配合，發揮他的慧眼，不忘他自己的義務，也就是天生的使命。因此，當他獲得名聲時，反而帶來了困擾，因為這並不是他的本意。但他那渴望追求知識的心，就如同一塊火石，在他內心中不斷的燃燒，催使他不斷的採取行動。

蘇格拉底前往悲劇詩人聚集之處，在那裏，詩人寫下了酒神戴奧尼夏祭典時所用的激烈狂熱的合唱歌和輪舞歌。他也到擁有特別技能的人集合的場所去。他們的確都知道許多蘇格拉底所不知道的事，然而他們也犯了共同的錯誤，因他們自己擁有特殊的才能，能做出很好的作品，就認為自己是具有智慧的人，同時，對於自己不知道的事，也裝作很在行的樣子。

蘇格拉底在出外找尋最有智慧的人的這段期間，有許多有閒又有錢的人，自動跟在他後面，站著旁聽。他們對蘇格拉底的言行舉行相當注意，也經常模仿他的舉動和行為，到處去尋找比自己更聰明的人。蘇格拉底也就是在這時發現，仍有很多人對自己不知的事，裝作知道的事實。

蘇格拉底的名聲，也已經傳得很遠，這些模仿他行為的人，反而增加了他的知名度。他不僅在雅典相當有名，甚至在希臘全國各處，都有「最高智者」的稱號，同時又因在學問上，調查「空中和地下」的所有事，大家都稱他為「研究智慧和道德的人」；而帶著惡意中傷的人，則叫他為「不承認神存在的人」或「強辭奪理的人」。

那時，蘇格拉底已將近四十歲了，他曾經說過「照顧自己的靈魂」，使自己深深「了解自己」，是他在人間的使命。總而言之，這段時期是蘇格拉底前期生涯的最高鋒。

蘇格拉底的後期生涯

決心

人的生命是有限而短暫，如果白白的虛度，實在不是人生之道。了解蘇格拉底的生涯，就可以知道人類該如何生活。他的生涯給了我們一個啟示，那就是做好面對死亡的準備，對隨時會面臨死亡充滿了勇氣。他對生與死的意義了解得非常透徹，他以真實為中心，追尋真善美的生活，相信靈魂不滅，隨時都有赴死的勇氣。

要過這種生活，必須對自己的人生使命和生存立場都非常明瞭。蘇格拉底一直以全人類的命運為自己的使命。這種見解，在柏拉圖『對話錄』的『辯白』篇中，有詳細的陳述。

蘇格拉底自稱自己為「愛智者」，這不外乎是因為他不斷的追求智慧，仔細的研究自己和別人的行為，這種生活，並不會因死亡或其他危險而有所改變。他自己曾說：「如果我丟棄了這種生活方式，你們隨時都可以把我帶到法庭。」蘇格拉底無法粉碎德菲爾的神諭，因此，認為神諭就是他的使命，否則就是怕死，不知裝作知道。

怕死是蘇格拉底認為不是智者的行為。蘇格拉底的後半生，全心致力於探索人類的使命，這卻使他被控為「蠱惑青年」。

上戰場

雅典的戰爭風雲，一直沒有停止，蘇格拉底就生活在這種漩渦裏。戰爭中雖然有過短暫的和平期，但戰爭卻不斷的繼續著。蘇格拉底參加過三次戰爭，他以勇敢和耐心為祖國雅典奉獻著，毫不遲疑。他認為有國家才有個人，而不是有個人才有國家，更進一步的來說，就是有雅典才有蘇格拉底，並非有蘇格拉底才有雅典。這就是「城市國家」的倫理學。

蘇格拉底在紀元前四三二年至四二九年間，參加波提戴亞戰役，那時他三十八歲；紀元前四二四年參加戴利旺（Delium）之戰，西元前四二二年參加安費伯里斯（Amphipolis）戰役。

每次戰役，他都一馬當先，勇敢而沈著，雖是殺人，也抱著誠實的理念來應戰。傳說蘇格拉底對這人類的悲劇，有著很深的感嘆。

蘇格拉底曾在戰場上救助負傷的弟子兼愛人的亞基比耳德。也曾在戴利旺會戰中，拯救從馬背上摔下的贊諾芬，他勇敢的行動，將生命奉獻在戰場上，只抱著解救國家危機的念頭。在眾多的愛國戰士中，蘇格拉底也是其中一名，然而他沒有誇耀自己的功績，而是抱著理所當然的想法。

結婚

蘇格拉底結婚時究竟幾歲，我們無法得知，只能推測是在中年時期。因為他被判死刑時，已有三個兒子，而長子蘭卜拉庫立斯大約是十七至十八歲，另外二個小孩都很小，由此我們可推定，他和贊提普結婚時，應該是中年了。

柏拉圖在『斐陀』中，形容贊提普是一位對愛情專一的女性，贊諾芬在『蘇格拉底的回憶錄』中，也沒提到她是一位悍婦。然而亞歷山大的學者，卻將贊提普描述成一個固執、粗魯且兇悍的女人，說話一不小心便惡言相向。但是，是否真是如此，因沒有確實的證據，我們無法得知。

也有人傳說，蘇格拉底另有一位太太，他享受著一夫二妻的日子，但我們認為柏拉圖和贊諾芬的記載，應該比較正確。

有一次，蘇格拉底的長子蘭卜拉庫立斯惹母親生氣，蘇格拉底看到這情形，當場教訓他。然而他卻對蘇格拉底說：「母親的暴躁脾氣，誰都無法忍受！」蘇格拉底回答說：「野獸的殘酷和母親的殘酷，那一種比較令你難以忍受？」

他回答：「母親這邊。」

蘇氏繼續問：「那麼到目前為止，她有沒有咬過你、踢過你？有很多人被野獸咬過、踢過。」

他回答說：「雖然她沒有如此待我，但是，就算是拿全世界的東西給我，我也不願和她在一起，我實在討厭聽她罵人。」

蘇氏說：「從小你就很頑皮，常愛亂講話，增添她的麻煩，尤其是在你生病時，讓她很擔心。」

他說：「但是，我從沒作過或說過使她蒙羞的事和話來。」

蘇氏：「你母親說的話，會比演戲時，二個人的對話台詞還難聽嗎？」

他說：「戲是戲，與現實生活不同。演戲時的打罵是因劇情的需要，不會傷到別人的心靈。」

蘇氏：「你應該很清楚，你母親說的話，並沒有什麼惡意，相反的，她是希望你比別人更好、更有出息，你不能把她的批評當作戲言嗎？你為什麼要生氣？難道你認為母親對你有惡意嗎？」

他說：「我沒有這種想法！」

蘇氏：「當你生病時，你的母親對神祈福，希望你能健康，這樣的母親，你認為她冷酷嗎？你母親盡力讓你過得更好、更舒適，如果無法忍受這樣的母親，我認為你對任何的善事，也一定無法忍受。你有什麼值得敬仰的人物？說出來給我聽聽看！還是你至始至終都不相信任何人，不管他是智者、還是大將軍；還是你已下定決心，不讓人高興，不管他的口才多好，你都不順從他們的話！」

他說：「我當然沒有這樣想！」

蘇氏繼續說：「你冷時，別人會替你生火取暖；你有事時，有人為你兩肋插刀。人人都希望周圍有幫他做好事的人，你若不相信，不妨想想當你失敗時，你是不是希望周遭的朋友來援助你呢？你是不是也希望鄰居都喜歡你呢？」

他說：「沒有錯！我正是這麼想！」

蘇氏：「還有，當你在陸地或海上旅行時，你的同伴或是你曾遇見的所有人——無論是朋友或敵人——都和你沒有關係嗎？或許這些人的好意，對你是很重要的！」

他說：「我也認為很重要。」

蘇氏：「這些事你都懂，那你為什麼對愛你的母親如此不尊重？這樣對嗎？國家對忘恩負義的人，不會加以處罰，也會原諒知恩不報的人，但唯獨不原諒不尊重雙親的人，會加以懲罰，也會取消他成為領導者的資格。國家進行祭典時，這些人的祈禱不會被神所接受，並且如果有人雙親過世而不去奔喪的話，國家就會派人調查他的生活，對他判刑。所以，你好好想一想，要立刻請神原諒你不孝的行為，否則神會認為你是一個不知感恩的人，而不賜福給你。這樣就糟了！他人都因你對有養育大恩的雙親不尊重，因而輕視你，而你最後也會成為一個沒有朋友的孤獨者。為什麼呢？因為一旦人們發現你是一個不知感恩的人，就會認為沒有必要和你打交道，也沒必要對你好，因為你不會感激他們。」

蘇格拉底繼續開導蘭卜拉庫拉斯說：「你應該不會認為人是為了情慾，才生小孩的吧！」

蘇格拉底希望打破兒子和母親的隔閡，並使兒子了解父母的責任情形。從這裏，我們就可了解蘇格拉底和他兒子的相處情形。

蘇格拉底：「如果只是希望滿足情慾，那麼街上到處都有妓院，可以滿足你的需求。然而我們都是希望找一個良好的女性，來協助男性，生兒育女。男人也必須照顧妻子，為即將誕生的孩子作好一生最有利的打算，並且做好準備。女人冒著生命的危險來懷孕，不但負擔重大責任，還需忍受痛苦，以她身上的養份來培育胎兒，費盡力氣將小孩生出來，沒有要求回報的照顧他、養育他！」

剛出生的嬰兒並不知道是誰在照顧他，也無法說出自己的需求。身為母親，她主動而耐心的去觀察小孩的喜好和需求，並加以滿足。母親花很長的時間，不分晝夜的加以照顧，並且從未想過孩子將來會如何報答她。

每一個父母都知道，僅養活小孩是不夠的，小孩到了學習的階段時，還要將自己所知道的為人處世方法，傾囊相授。假如有人學問比自己好，品德比自己高尚的，還需花錢讓小孩去向那個人學習。總而言之，為了使自己的小孩成為完美的人，做父母的總會盡一切力量去做的。

擔任公職

紀元前四一三年，蘇格拉底五十七歲時，斯巴達軍佔領雅典國境的戴凱利亞城，從此雙方發生了全面性的戰爭。而「尼奇亞斯的和平」時期，正是蘇格拉底生涯中，最危險的時刻。

蘇格拉底的弟子亞基比耳德，在這時向大家宣佈征服西那庫斯的計劃，他自認為自己是雅典的天之驕子，到處鼓吹他的夢想。

在西元前四一五年，他成為雅典的海軍艦隊總司令，率領艦隊遠征。柏拉圖曾對亞基比耳德得意忘形且酒醉的情形，加以描述。然而才出發不久，亞基比耳德便和他的黨徒，在耶魯烏西斯密謀不軌，而被控訴污辱神的罪名。

在雅典，每個家庭的四條石柱上，都刻有「赫魯麥」神的浮雕。一夜之間，它們全部被毀損，大家都認為這是亞基比耳德一行人所為的，因此，以污辱神的罪名，將他召回接受判決。而亞基比耳德回國途中，他逃到斯巴達，而雅典法官的判決結果是死刑。

逃到斯巴達的亞基比耳德，反而攻擊雅典，並且背叛了雅典，並且建議斯巴達人在阿提加興建城堡。蘇格拉底因弟子亞基比耳德的背叛，飽受世人的指責，認為他教導無方。

後來，亞基比耳德又後悔，並忠誠的對祖國發誓效忠，終於獲得雅典人的諒解，因此在紀元前四〇七年，他再度回到雅典。但是，他無法長久的住在雅典，在西元前四〇六年再度逃到斯巴達去，而蘇格拉底也在此時初次擔任公職，當時他已六十四歲。

同年夏天，雅典的軍隊在萊斯波斯島與阿基紐島間的海面，打破了斯巴達大軍，然後雅典也犧牲了二十五艘軍艦和四千名士兵。當時民眾相信，如果不是因指揮官怠惰，這些人一定會獲救的，雅典也不會蒙受這麼大的損失。

由五百人評議會所選出的五十個委員，對這次戰爭的指揮官進行審判，蘇格拉底也是委員中的一名，因此他參加了評決。這個判決的經過，柏拉圖在『蘇格拉底的辯白』中，有詳細的記載。其內容如下：

「如你們所知，這是我第一次擔任公職，以前我曾作過政務審議會的議員，那是因為我所屬的那區是執行部的緣故。你們決定審判那些海戰中的十個將軍，對他們沒有救助源流者的行為，加以懲罰。不過，這是在事後被認定是錯誤的抉擇。並不是將軍們故意的行為。然而眾多的議員中，只有我一人投反對票，反對判決如此殘酷，其他的議員對我不合群的態度感到不滿，想要告發我、逮捕我，對我狂怒的叫罵著。這段時期中，如果我是貪生怕死之輩，一定會拋棄原來正義的提案，而與大家站在同一立場。但是，我並不怕拘禁和死刑，因為我的內心是由法律和正義所組合的。

這事件是發生在國家採取民主制的政治立場時。然而寡頭政治實施時，有一天，三十個委員（庫里契阿斯的獨裁）下了一道命令，把我和其他四人叫到他們的本部，要我們到沙拉密斯島將李恩（Leon）殺死。此時我不僅以語言表示反對，也以行動來附合，用這種態度來表明我對死一點也不在意，我絕對不會作不正不義之事。

因此，當時的統治者，雖然擁有強大的力量，也無法逼迫我做出不正當的舉止來。於是我們走出本部之後，其他四人前往沙拉密斯島，帶回李恩，並處以死刑，而我卻一人獨自回家。假如當時不是因為政權立刻崩潰的話，我可能也會被抓去處死的。

要是我以前就擔任公職的話，一定會採用良才的方法辦理公事、維持正義；

相對的，也會因此理念，得罪不少人，絕對不會活到這個年紀的！但在我的生涯中，無論是擔任公職或私人生活，我也是一個不會輕易改變態度的男人！」

態度

抱著這種信念的蘇格拉底，隨時都會面臨生命的危險。然而他具備了處理事情的方法和智慧。死亡和拋棄正義，就如同魚和熊掌般，無法兼顧時，他會毅然的選擇死亡。

蘇格拉底不斷的研究人類問題，試著找出最善的答案。何謂敬神？何謂不敬神？何謂美？何謂醜？何謂正義？何謂思慮？何謂勇敢？何謂懦弱？何謂瘋狂？何謂氣餒？何謂國家？何謂政治家？何謂政府？何謂統治者？何謂宗教？何謂害怕和膽怯？他了解原由，並且付諸行動。

因此，他絕不違背正義來討好民眾，對他們（權力者）的恐嚇，也不會害怕和屈服。紀元前四〇四年，雅典正式對斯巴達無條件投降，在斯巴達將軍賴山德的命令下，雅典的民主政體被解體，而蘇格拉底依舊堅持他的理想，不因局勢改變而變節。

雅典的獨裁制政體盛行時，公然的殺人和沒收財產，都被認為是權力者的特權。在西元前四〇三年，雅典的民主政治雖再度復活，但是，這時的民主政治，並不是蘇格拉底所認為有人性的理想國。同時，蘇格拉底也被稱為「培養叛逆者的人」。

說這句話的人，也有蘇格拉底的朋友，如克利提亞（Critias）和查爾米底斯（Charmides）。克利提亞是柏拉圖母系的表兄弟，也是「三十人委員會」中最偏激的一位；查爾米底斯則是柏拉圖的舅舅。雖然，西元前四〇三年時，蘇格拉底已六十七歲，而柏拉圖已二十五歲了。從這裏我們可知，柏拉圖認為蘇格拉底相當的不幸。

查爾米底斯愛上優西德摩斯（優西德摩斯是蘇格拉底的熱心弟子，和柏拉圖所寫的「優西德摩斯」（Euthydemus）並不是同一人），查爾米底斯利用他、誘惑他，蘇格拉底看到這個情形，希望勸他放棄的說：

「一個優秀的君子，是不會像乞丐要求食物一般，對自己的朋友懇求，也不會叫他做不善的事，這不是一個自由人和君子所該做的事！」

但是，查爾米底斯依舊不聽，也不改正自己的行為，因此，蘇格拉底氣得在優西德摩斯及許多人面前大罵：「查爾米底斯的脾氣像豬一樣，豬用身體去碰石頭，就如同查爾米底斯的行為一般。」

這句話傳到查爾米底斯的耳中後，他非常痛恨蘇格拉底，並且懷恨在心。所以，當他成為「三十人委員」中的一名時，就在法庭裏對被告的蘇格拉底，提出一項限制——「禁止教導說話的技術」，這等於是禁止蘇格拉底和青年們談話，事實上也正是如此。

蘇格拉底看到「三十人委員會」，任意處死市民，並又煽動其他人民做不法的行為，他無法再保持沈默，於是，他開始用他著名的「毒舌」展開攻擊。他曾作過一番評論說：

「如果有一位牧牛人，他養的牛一天比一天減少，品質也越來越差，而他仍然不承認自己是不好的牧牛人，這不是一件很好笑的事嗎？就好像一個國家的領導者，他所領導的國家人口一直在減少，國家的道德也一直很差，可是他仍不認為這是一項恥辱，也不承認自己是一個不夠格的政治家，這不是很不可思議嗎？」

辯論

有人聽到這篇議論，並且檢舉了蘇格拉底。因此，卡里庫勒斯和克利堤亞把蘇格拉底叫來，並且拿法律給他看，表示法律是禁止他和年輕人談話。

不甘沈默的蘇格拉底回答說：「對這個命令，我仍有一些地方不清楚，不知可否解釋一下？」

他們回答：「可以！」

於是，一場精彩的辯論便正式展開了。

「我常想遵守法律，可是擔心自己因為不夠瞭解而違反法律。所以想請問你們，你們禁止我教辯論術的目的何在？是指正式的教學，還是非正式的教學派？如果你們指的是正確的言論，那我以後就要小心避免；如果是指不正式的言論，那我以後就要講究事實！」蘇格拉底這樣的問著。

聽到這裏，卡里庫勒斯生氣的說：「蘇格拉底！你既然不知道我們的意思，那麼我可以更清楚的告訴你，簡單來說，你不可再和年輕人說話。」

蘇格拉底是一個辯論的高手，於是他繼續說：「那你能不能告訴我，年輕人的界限究竟是幾歲呢？」

卡氏回答：「凡是年齡不到國民會議五百人的議員資格的人，因他們還沒有能力分辨是非，人格也尚未成熟；總而言之，你絕對不可以和三十歲以下的人說話。」

蘇格拉底繼續說：「如果我上街買東西，那個老闆是三十歲以下的人，那我就不可以問他價錢嗎？」

卡氏回答：「這是可以的。蘇格拉底，你好像對你所熟悉和明瞭的事情，有不斷質問的毛病。你該知道，這習慣是不好的。」

蘇氏：「照你這麼說，如果有人問我一些熟悉且簡單的問題，譬如，你住在那裏？克利堤亞住在那裏？我也不能回答嗎？」

卡氏回答：「這些回答你當然可以說！」

克利堤亞插嘴說：「蘇格拉底，你要記得再也不可去鞋匠和木匠、鐵匠處，因為你每次去總是和他們談論，這樣會影響他們的。」

蘇格拉底繼續說：「假如他們問我的是有關正義和信念，以及其它諸如此類的問題時，我也不可回答嗎？」

卡里庫勒斯說：「是的，你不可以回答，而且你也不可以再談牧牛人的事，如果你不改掉這惡習，那當你數牛時，你的牛群將會減少。」

蘇格拉底從這句話可瞭解到，卡里庫勒斯和克利提亞一定是聽到他所談的牧牛人的事，才會因此對他懷恨在心，也是控訴他的原因。

控訴

能了解蘇格拉底的真意，並切實去做的人，這是一個相當辛苦的時代，因為就連蘇格拉底本身，都已被禁止和青年談話。雅典的光榮，也無法保證蘇格拉底的生命，雅典的光榮和輝煌都已逝去，縱使存在，也只存在支持和了解蘇格拉底的人心中，但是，當時現實的雅典卻沒有，如同前面所提。終於在西元前三九九年，偉大的蘇格拉底被米利特斯（Meletus）、安紐托斯（Anytu）、李康（Lycon）三個人控訴到法庭。

控訴狀的內容如下：「我匹托斯區民米利特斯的兒子米利特斯，宣誓以下這件事必須遭到控訴；我告發愛羅比格區索羅尼克斯的兒子蘇格拉底，他不承認國家所規定的眾神，另外引入其他的神，進行宗教行為，同時，又蠱惑青年腐敗犯罪，告發者希望將他處以死刑！」

事實真的是如此嗎？如果真的是這樣，那蘇格拉底的一切行動和言論，都將成為控訴的原因。更進一步，所發生的事，都使蘇格拉底一步步的逼向死亡，必須採取救援的行動。

疑點

在這沒落的雅典中，蘇格拉底或許已走到了死亡的終點，然而他依舊不放棄自己所執著的使命。人的生涯偉大與否，完全是要看他是否能始終一致，蘇格拉底以身示範給大家看。但是，蘇格拉底並不認為控訴是當然的，在他七十歲這一生中，仍有許多疑點存在，這些疑點，他站在客觀性的立場加以思考，這就是他為人師表的偉大之處。

喜劇的舞台

蘇格拉底相信自己的言論，絕對是真實而不違背真理的。他從沒有玩弄說話技巧或鼓動風潮。無論是在家中或是市場，他都能提出精闢的言論，來說明真理。

但是，反蘇格拉底的人，著手調查他不正當的言論，並公開要蘇格拉底負責任，他們甚至教導小孩子有關蘇格拉底的錯誤評價，要使蘇格拉底背上莫須有的罪名。

他們到處謠傳蘇格拉底這位賢者，花了太多的心思在天文學、地質學上，並且將壞事說成好事。這種謠言，到處的傳播著，並且流傳的範圍相當廣闊，連蘇格拉底也覺得很可怕，因為在當時，和蘇格拉底一起研究天文學、地質學的人，都被認定是不信神的緣故。

讓蘇格拉底感到迷惑的是，究竟是誰在散佈這些謠言？並且人數相當的多。蘇格拉底只知道其中一位是位劇作家，叫做阿里斯多芬尼斯，他在西元前四二三年所上演的一齣喜劇—『雲』，裏面盡在諷刺蘇格拉底。

這齣戲的內容是，有位哲人（即指蘇格拉底）主持了一座學校（notion-factovy），他收集很多的學生，教導他們有關天文、氣象和自然現象。他不依靠經驗教學，而只靠理性。他教導學生研究文法、音律學、蚊子和跳蚤的生理，及強辯術，將無力的言論，變成有力量的言論。

劇中的這位老師是一個滑稽而愛冒險的人，他拋棄以往所傳下來的神，以崇拜以太、空氣和雲作為取代。他說打雷和下雨不是宙斯所為，而是雲所造成的。這戲的上演，使得年輕的蘇格拉底更為有名了。

在『蘇格拉底的辯白』中，蘇格拉底認為告發自己的人，可分為二派。一派是克里米勒斯派，而另一派是反蘇格拉底的人。事情到了這種地步，蘇格拉底不得不全盤接受，當然，在他心中免不了有疑問的存在，事實上，我們也對此百思不解。

這疑問主要源自於蘇格拉底受控訴的背景，出人意料外的堅固，每個人對他都不停的盤問，蘇格拉底的回答都須經過相當的考量，才能作無知或知的告白。

為了證明特耳菲神諭，以及自己是智者的預言，蘇格拉底曾到各處去找尋比自己更聰明的人，足跡踏過各地，如市場或街角，到處嚐試，因此，引起很多人的反感。

因為這時代的人，相當執著在金錢、名譽和自尊心，很多人一旦發現自己的無知被暴露時，或是自覺無知，便會對蘇格拉底懷有敵意，人數也越來越多。

不僅如此，蘇格拉底還被認為是「販賣知識的教師」，蘇格拉底認為教育他人和能力，理應收受報酬。他的徒弟有很多人都到國外去，教導、說服當地的青年，要他們付報酬到自己這裏來接受教育，並且要他們感謝自己教與技能，然而卻收了錢而一次也沒教導過。蘇格拉底除了三次因戰爭離開雅典以外，從未到其它城市國家去教學。

可是米利特斯、李康和安紐托斯，卻因下列的事情懷恨在心，告發了蘇格拉底。

對蘇格拉底的憎恨和毀謗，似乎越來越多，事實上，這就是他的言語、行動和信念的真實證據。從另一個角度來說，這三個人的告發，可證明蘇格拉底的人生，是充滿真實、正義、勇氣、思慮和道德的。

米利特斯（Meletus）因私人的立場控訴蘇格拉底；李康則是一個演說家；安紐托斯（Anytus）因為工人和政治家立場告發蘇格拉底。由於這三人的惡意中傷，蘇格拉底才會陷獄的。

米利特斯是自尊心被蘇格拉底傷害的詩人代表，他沒有什麼名氣，也沒有什麼才華的年輕悲劇詩人。

李康是一個不為人所知的政治家。

安紐托斯是一位富有商人，藉財富得到名譽，是皮革業者。他的兒子頗具才華，蘇格拉底曾攻擊安紐托斯，質問他為什麼不讓兒子研究學問，而讓他從事皮革事業。M·索瓦基對主要告發者安紐托斯有下列的描述：

「距蘇格拉底時代已二、三世紀的我們，對他神秘的外表仍熱烈的探尋著，像三流的詩人米利特斯和辯論家李康，只不過是配角而已。縱使安紐托斯有卑賤的動機，也不是構成大害；他用錢買通米利特斯和李康，要他們支持這件事，也不能完全否定蘇格拉底的善意，對蘇格拉底個人而言，也沒有什麼爭論的地方，根本沒有心思重視哲學家或討厭哲學家。

安紐托斯是一個商人，相當富裕，並且是一個盲從善良的愛國者，自以為自己在雅典社會中，擔任重大的角色和責任。他的自負心和責任感，使他認為社會需要他、國民仰賴他，以他為支柱，相信自己可在雅典的歷史上留下名字。每一個時代，都有安紐托斯這類的人，他代表著特定階級，也代表整個社會組織。而阿里斯多芬尼斯愛開玩笑和富心機，而安紐托斯是一個認真的人，他不過是在雅典中，思想比較跟不上時代潮流和沒度量的代表人之一罷了。」

法庭

由於這三個人的告訴，蘇格拉底受到了無妄之災，接受雅典法庭的裁判。然而這個裁判，對蘇格拉底卻另有一層深刻的涵意，是一條在人類心裏是否能夠生存的叉路上，然而這是告發者所料想不到的。

告訴狀是由當時的執政官所審理，執政官的職責，是調查起訴狀是否合法而已。審查過程是由平民陪審團進行，陪審員一面調查證據，一面當裁判，為數共有五百人之多。審判當天，以抽籤決定陪審員，避免他們被人收買，凡年滿三十歲以上，沒有負債的任何市民，都有資格參加抽籤。

審理過程的重心，在於原告和被告的辯論，辯論的結果可以左右裁判官的想法，影響投票的結果。

審理的方式，是讓蘇格拉底質問和答辯，然後再以無記名投票方式，決定有罪或無罪，罪刑共分三種：死刑、名譽刑、財產刑，有時也會被判決驅逐出境。而蘇格拉底則被判最重的刑罰——死刑。

蘇格拉底的辯白

蘇格拉底的辯白，充分發揮了真實，也是他一生清白的證明。而在他身邊所發生的各種疑問的影子，都被一掃而空，蘇格拉底的真正形象，也深深烙印在萬人的心中，只要是有良知的人，都可在他身上看到「良心」的真實寫照。

蘇格拉底的辯白如下：

「各位雅典人，你們究竟對告發者的說辭，會對我產生怎樣的印象，我並不知；這些人的指控，幾乎使我忘記自己的存在，因為他們的指控，實在太具說服力了。然而，他們不曾說過一句真話，在他們的假話中，有一樣最令我吃驚，那就是把我認為是一個辯論家，並且要各位不要受我所欺騙。

因為如果我能證明自己不是一個雄辯家的話，那他們的企圖便會露出來。如果，他們尚不自覺羞恥，那他們就是無恥的人。以我看來，他們正是這樣的人。

他們還對我作以下的告發——蘇格拉底研究地理、天文的事象，將壞事說成好事，教導他人不正當的言論和無益的事。

但是，各位民眾！這些事都與我無關。阿里斯多芬尼斯曾在喜劇『雲』中提到我，說蘇格拉底能在舞台上走動，也能在空中飛行，並做了許多奇怪的事。阿里斯多芬尼斯用這些事來諷刺我，世上再也沒有任何諷刺了。米利特斯認為我犯了那麼多罪，實在沒有任何的事實根據。

甚至他們還責備我說：『蘇格拉底是天底下最壞的人，他使青年腐敗！』」對於蘇格拉底的非難，事實上很早就埋藏在市民的心中了。蘇格拉底自認接受神託是自己的使命，讓人知道無知是可恥的事，往往得罪很多人，引起別人的反感。這些人對蘇格拉底的質詢無以作答，就想盡方法攻擊蘇格拉底，以掩飾自己的無知。

譬如說：「蘇格拉底使青年墮落」、「蘇格拉底說，不可信神」。

蘇格拉底是依照神的旨意去做，做神的助力者，幫助無知之徒自覺，他自認費盡心血，過著貧賤的生活，可說是為神服務，甚至以這為自己的事業，因此，這些控訴是「無事實根據」和「意外」的事。

蘇格拉底對人們所告發的罪狀——迷惑青年、引入新神，毅然提出辯白：「各位雅典人，米利特斯才是真正犯罪的人。他把神聖的事，當作開玩笑的引子，輕易的加入審判的行列。事實上，他並不真的很關心此事，卻假裝很關心！米利特斯，我請問你，引導青年人向善的是誰？」

米氏：「是國法。」

蘇格拉底繼續問：「那麼，知道國法的人是誰？」

米氏：「在座的各位裁判官都知道。」

蘇格拉底：「他們是否教導青年、引導青年向善？」

米氏：「有！」

蘇格拉底：「是每個人都有，還是部份的人？」

米氏：「是全部。」

蘇格拉底：「那參政官又如何？」

米氏：「情形相同。」

蘇格拉底：「那麼，這裏的聽眾呢？他們也會引導青年向善嗎？」

米氏：「是的。」

蘇格拉底：「這麼說來，除了我蘇格拉底之外，全雅典的人都在指導青年成為善良、有道德的人，只有我讓青年腐敗。」

米氏：「一點都沒錯！」

蘇格拉底繼續說：「如果所有的事都對的話，那我真是一個可憐的人。你們認為這若是在馴馬，情況又會有什麼變化呢？所有的人都認真的馴馬，只有一個人把馬教壞了。事實上，情形卻是相反的，馴馬師只要一人即可，過多的話，反而會產生使馬變得更壞的結果。不管是誰——米利特斯和安紐托斯——對我的話有什麼反應，但事實究竟是事實。

如果使青年腐敗的人只有我一個人，其他人都在善導青年，那青年們應該很幸福才對！然而我現在清楚的看到，你對青年的事毫無注意，從你對我的控訴事件裏，可以知道你是一個缺乏深思熟慮的糊塗人。

你可不可以再告訴我，你喜歡和善良的市民，還是邪惡的市民住在一起呢？是不是惡人做惡事，善人做善事呢？確實是如此。然而世上有沒有人希望從自己周圍得到壞處，而不希望從自己周圍得到好處呢？當然沒有人。

如此說來，我會故意引誘青年腐敗嗎？如果是的話，我一定是無心的。因為如果我真的要如此做，那麼，要如何使青年墮落呢？是不是教導青年，不要相信國家所承認的神呢？而以其它宗教行為取代之。

事實上，我教導青年相信神，就足以證明我不是無神論者。因此，對『無神論』的控訴，我應該是沒罪的。而你們又說我所信的神，不是國家所信仰的神，或者說我不相信神，也教導我的學生不要信神。

事實上，我自己本身不信神。我既不相信日神赫利阿斯（Helios），也不相信月神西莉尼（Selehe）；各位裁判官！我在神的面前發誓，我蘇格拉底把赫利阿斯叫做石頭，把西莉尼叫做泥土。

親愛的米利特斯，你想控告亞拿薩哥拉斯嗎？你堅信我不相信神的存在嗎？然而你卻正是如此。各位雅典的市民！這個人極其傲慢，並且是一個相當任性的人，米利特斯的起草控訴，也是因上列原因，出於青年的衝動之情。因此，認為蘇格拉底是有罪的人，並且說：『蘇格拉底一面相信神，一面不相信神』，這是不可以隨便開玩笑的。

米利特斯，請問一下，你所認識的人中，有沒有相信人的存在，同時又相信人的不存在？有沒有人相信神靈的存在，又不相信神靈的存在呢？一定沒有。既然如此，無論是過去或現在，不管我是不是相信神靈的功用，至少我是調查神祇功用的人。

各位！的確有很多人對我懷有敵意，縱使我被毀滅了，也一定是因為這個原因，而不是被米利特斯或安紐托斯所害的。多數人的毀謗和猜忌，害死了許多好人；現在開始還會繼續殘害無辜，我很高興自己不是唯一遭受此命運的人。

各位雅典市民！無論是處在任何困境，也不管需冒多大危險，都必須堅守崗位，心懷羞恥之心。置生死於度外，我是為了求智慧、愛智慧而生存的，絕不能因怕死而停止研究學問。」

是不是會接受判刑，還沒有定論。

安紐托斯辯答說：「各位裁判官，你們不可以輕易的放走蘇格拉底，一定要對他處以死刑。因為如果你們放走他，諸位的弟子都會再服從他的教導，每一個人都會變成完全腐敗的青年！如果各位置之不理，就必須要先存有覺悟了。」

此時，庭上的裁判官接著說：「蘇格拉底！我們不想聽從安紐托斯的話，我們要放你走，但是有以下的條件：從現在開始，不可以再做求知、愛知的事，假如你繼續做，而且被當場逮到，你就難逃一死了。」

蘇格拉底回答說：「如果各位要我答應這個條件，才能放我的話，那麼，我現在就可以告訴各位；各位雅典人，我對你們都抱有一股熱情，然而要我跟隨各位的意見，我倒不如跟隨神的旨意，只要我一息尚存，還有力量時，我絕不會放棄追求、愛知的。我可再對各位提出忠告，在雅典中，在少數的人，充滿了智慧和武力，同時也是相當偉大和著名的人，然而他們為了獲取名利，不擇手段，難道一點都不感到羞恥嗎？名與和地位的利誘，使得他們不考慮真理，不提升精神層次，實在是相當值得羞恥。

你們盡可相信安紐托斯的話，也可不相信安紐托斯的話；放我也好，不放我也好，就算是面臨死亡的威脅，我也決不改變自己的信念。

各位！你們仔細聽我訴說，如果你們判我死刑，不僅我自己受到傷害，你們也會蒙受更大的損失。當然米利特斯和安紐托斯可以對裁判官要求判我死刑，也可以將我驅逐出境或剝奪我的公民權，他們認為這對我是一種禍害，但是，我卻不這麼想。因為違背正義，企圖置人於死地，才是最大的禍害；因此我的辯白，可以說是為了諸位而辯明的。將我處刑，就等於把神所賜之物加以冒犯，你們也無法再找到像我這樣的人了！」

判決

人類史上，從來沒有出現過像蘇格拉底這樣的辯白，雖然他的精神和行動都足以證明他並沒有犯罪，但他仍舊被判處了死刑。

當五百人的裁判官進行投票後，蘇格拉底以三十票之差，被判處有罪。而米利特斯則要求判處死刑。

蘇格拉底明知自己大難臨頭，卻不做減輕刑罰的提議，諸如科以罰金，判處牢獄坐牢，或放逐生涯。然而科以罰金他又負擔不起，而驅逐出境的提議，他又不願意接受。

也許有人便會接受這個意見，但是，蘇格拉底並不是這樣的一個人。

有人對蘇格拉底建議說：「蘇格拉底！你離開雅典到別的地方去過沈默平靜的生活好嗎？」

然而這是要蘇格拉底違背神命，也勸不動他。寧可說人間最大的好事是每日與他人談論道德之事，大家一起彼此回答、探尋。對蘇格拉底而言，他的人生目的就是為了探索靈魂和追尋知識和愛的生活。

蘇格拉底身無分文，而科處罰金對他的影響和為害最小。基於這個原因的認定，於是他提出科處罰金的申請，他提出「罰鍰一姆拉」，他的弟子擔心他的建議會得罪裁判官。因此，克利多、柏拉圖等人都願擔任「罰緩三十姆拉」的保證人，於是蘇格拉底重新提出申請，然而卻已於事無補了。

終於在第二次投票進行時，差距更加擴大，以三六〇票對一四〇票，蘇格拉底被判處死刑。

最後的辯白

蘇格拉底的生命已危在旦夕了，面臨死亡的他，究竟還想說些什麼話呢？在他的心中，早已作好面對死亡的準備，隨時隨地都可以接受死亡。因為他身無旁物，他的人生是隨時都可以死的生活著。

蘇格拉底受死刑的宣判後，仍舊有很多話要對雅典人說，包括宣判他死刑的裁判官和認為他無罪的人。

他說：「雅典的同胞！你們因為長久歲月辛勞，因此，相信惡人的蠱惑，將賢人蘇格拉底判以死刑，你們的這項決定，將會導致污名，受到世人的譴責。

當然，我這些話只是對判處我死刑的人說而已。我被判死刑，並不是我口才不好，只是我不願意去掙脫。我並不是厚顏無恥的要使你們感到羞窘，因此，不願意說出你們的窘事。逃避死亡的方法有很多種，並且逃避死亡也是很容易的

伊斯庫拉斯硬幣

雅典的 4 姆拉硬幣

事。寧可說逃避惡事，才是真正困難的。

現在我背上死亡的罪過，雖然我沒有任何怨言，但是，諸位不要以為你們歪曲事實，加以不正之罪，不會有任何的報應，那不是不報，時機未到而已。對這種不正當的理由殺人，卻默默注視著的人，將來一定會有人挺身而出，來主持正義的。如果你們認為可以用手段來停止世人的譴責，那就大錯特錯了，畢竟壓制別人是相當困難的，而指導他人，使他成為優秀的人才，倒是很容易的。

對於投票支持無罪的各位！我也對你們說幾句話。平常，若有不吉利的預兆發生時，我內心的神便會對我發出聲音警告，然而這次它卻沒有任何的指示。因此我相信，縱使我是無罪，也必須以這種方式死亡，因此，我認為死亡不是壞事的證據。死亡是一種幸福，而它代表下列二種意義：

其一，死是完全歸於虛無的意謂，死者對任何事都沒有知覺；其二，死亡只是靈魂從這個世界搬到另一個世界。如果死亡是一切感覺失去，像做夢和睡覺一樣，真可說是驚人的發現。屆時，永遠並不比一夜長，而死者的世界，也不會因被判死刑，而一直不死。

現在，我對告發我的人和宣判死刑的人，沒有任何惡意存在，只是有一件事想拜託你們，有一天我的兒子長大了，希望你們也讓他像我一樣，接受痛苦吧！如果我的兒子不致力於學問，卻為金錢而汲汲經營，不像一個真正的人，卻以為自己是真正的人，應追求人應追求的真理，而追求毫無意義的事；認為別人應該是怎樣的人，並加以譴責缺點的話；你們盡可對他加以處罰，獲得和我相同的待遇。

然而，死亡的時刻逼近了，我是一個將死之人，而各位今後仍需繼續生存下去，究竟那一個境界最好，誰也無法知道，只能問神了。」

訣別

從判決死刑的日子到最後的辯白，蘇格拉底已在牢獄中過了一個月的生活，前面已經提過。在這期間，他對他的家族、朋友和弟子，他盡心盡力的將真理傳授給他們。

他一點都不沮喪、不迷惑，也不害怕，他的態度穩重、沈著和冷靜。對他朋友和弟子不斷提出的逃亡計劃，毫不加以理會，這並不是他對死亡已認命，最大的理由是不實之罪。做為一個人，要有生存的自信，同時追求知識的精神和靈魂不死都必須成立，才可做一個真正的人。

蘇格拉底一生至死的言語和行動，任誰也無法模仿，他的思慮連續周密，不是巧妙的辯論，也不是虛偽的行動，而是深深映在人們心中，滲透到人類心中的深處。聽過他講話的人，不需經過苦思，也不需有強烈的創造力，自然而然的在處理事物、人生問題時，便會浮起蘇格拉底的思想，比任何的教導影響，有過之而無不及。

不僅如此，蘇格拉底更是以後全人類思想行動的模範典型，被大家所學習。

「歷史的眼光」是對人的死亡真相、誠實記錄著，它就如同一面鏡子一般，一邊對人類行為作批判，另一邊則是人生目標。紀元前三九九年，蘇格拉底在雅典的牢獄中死去，從那天起，他便成了「歷史的眼光」中的一部份。

或許有人會聯想到耶穌基督，然而此時耶穌還未誕生，並且他是東方人。這人出生前四世紀，西方人已經存在著。歷史的記載和交流著，不久就成為東方和西方人的融合，也就成為歐洲人之「心」。逐漸的也變成「人類之心」。這種「心」漸漸的放出異彩，我們為了探究他，必須先向各位敘述他的思想，然而和「蘇格拉底的思想」有密不可分的關係的詭辯主義者，我們需加以觀察，因為他們影響蘇格拉底思想的形成。

蘇格拉底的死，只是和同時代人的暫時訣別，而對全人類來說，卻是一次邂逅。

蘇格拉底和詭辯主義者

展　望

紀元前六世紀，在希臘生根萌芽的哲學，經過一世紀的時間，傳到蘇格拉底的時代，而哲學的內容卻逐漸地產生變化。而詭辯主義者的活動，更是佔有一份重要的地位。

關於詭辯主義者，也有各式各樣的稱讚，譬如：「德行的教師」、「出售知識的人」、「辯論家」和「撥弄唇舌的人」等。

詭辯主義者自認自己是一個智者，然而卻有「不好」的風評，因為他們成為風評不良的印象太過強烈的緣故。

從另一個角度來說，有了「風評不良」的人，也就有「有名」的人。從現在的觀點來看，他們不是知識的創造者，而是「知識的解說者」。同時也是有名的「知識解說者」。

為什麼詭辯主義者會被戴上「惡名昭彰」的臭名呢？首先我們要先了解，詭辯主義者在希臘哲學歷史上，佔有很重要的地位。最值得注意的，便是阿布泰勒人的普羅塔哥拉斯（Protagoras）所提出「人是萬物的尺度」的主張。

在希臘的殖民地愛奧尼亞的米里特斯中，最早出現的哲學家是泰利斯（Thales），在他出現至詭辯主義者盛行的時間內，哲學的內容大多以研究自然為主，可稱為「自然哲學」，當時的人很少研究人類本身的疑問。

泰利斯

對於人類的奇特和自然環境的考察原本是哲學的工作，人和人互相談話，很少檢討其內容，還沒有發覺質問和討論，會使自己內心發生變化，就算是有交談，結果跟不說話並沒什麼兩樣，因為他會所使用的，只是使自己和自然相通，藉自然現象來印證心靈、解開疑問。

於是他們提出「萬物的根源是水」，來解開內心的疑問，所有疑問和驚異，都需以自然主張來回答，因此，他們又提出了「地、水、火、風是萬物的根源」。

而所謂的哲學，便是以眼睛所能看到的宇宙萬物，有條不亂的加以說明。當然哲學的工作並不只是「說明」而已，而是將內心的迷惑和混亂，用一定的方法可以在不知不覺中，加以穩定下來，而這方法必須以自然作為媒介，如光是從自然而來，而人需從自然才可獲得。從另一角度來說，便是自然的道理，擔任了人類語言的角色。

而詭辯主義者，也開始轉變方向，將研究自然的眼光改變成研究人，並且對自然的道理產生很大的力量。從另一個觀點來看，研究自然就像人類是被自然的鏡子所反映的，因此，觀察人類本身，不能不用到追求自然的方法，當然不能說這是詭辯主義者所發生的。

因為他們自覺到要探討人性，加上適合的時代背影形成，利用他們的智慧來鼓吹人性，可說是歷史的必然結果，而他們所站的位置便是思想的轉換點。詭辯主義者將以前的人所使用和自然交談的方法和武器，用在觀察研究人類，他們相當熟悉這種技巧。

知道自然的本來面目，是因為被反應出來的緣故。也就是說，透過類比的技巧，知道自然的蹤影。自然的研究，不僅是自然物的比較，同時對它們彼此的差異、根源，都必須了解清楚。

從另一個角度來說，是自然和人的類比，從這裏不僅獲得自然的闡明，同時也一點一滴的了解人類。此時，蘇格拉底和詭辯主義者正站在歷史的轉捩點上。詭辯主義者整理了有關資料，開始發揮他們特殊的技巧，也就是語言的技術。在他們之前，幾乎沒有人使用過這種技術。

對自然的合理研究，還不需要語言的技術。所謂的「合理」，即指「自然、有條理道路」，而不是指「語言有條理的道路」，因為自然並不會直接回答，所有人類對自然的對應，不需透過語言的技巧。但是在研究人性時，因需要隨時的反應和回答對方，因此就有加入的必要。

詭辯主義者，基於這一點，便開始運用「言語的技巧」，關於這一點，和以前的哲學家有很大的區別。但是他們的這種技巧，是不是對人類的研究有進一步的探討，仍是一個問題。

總而言之，人變成關心的標的，是相當清楚易見的，而這種關心和他們所生存的時代，有著密切的關係。詭辯主義者就是帶有這時代之子的色彩。

詭辯主義者的活動時期，是紀元前五〇〇年時，其後四十年間，雖不能清楚的分辨出誰是詭辯主義者，但是幾個和蘇格拉底有關的詭辯主義者，我們可以知道。譬如，阿布泰勒藉的普羅塔哥拉斯（Protagoras）、基果加斯（Grogias）、蒲魯泰納斯（Piotinus）、希米亞斯（Hippbs）等人，這些人在柏拉圖所著的『蘇格拉底的辯明』中，有對答的記錄存在，詳細的加以描繪。

這些人並沒有一定的居所，而是到處走動報導關於德行、辯論、修辭學，同時也教授問答競技，並收受學費，因此，引起販賣知識的惡名。雖然普羅塔哥拉斯收下了錢，但卻不以骯髒的手法拿錢；而蒲魯泰納斯則收了不少錢；除非是達官貴人或有錢人的子弟，幾乎沒有辦法負擔學費。

這些青年為取得地位和名利，只憑家世是不夠的，在伯羅奔尼撒戰爭前的雅典民主政治下，充滿著自由的空氣，縱然出身不好，但憑著個人的知識和巧妙的辯論，也有成為伯利克雷斯這樣的人物機會。

可以說所有的青年都沈浸在求知慾、支配慾和榮達慾的漩渦中，而詭辯主義者利用這個風潮，大量興起。阿里斯多芬尼斯所著的喜劇『雲』中，也是把蘇格拉底和詭辯主義者擺在一塊。事實上，蘇格拉底教授學生時，從不向學生收錢，和詭辯主義者是完全不同的。

特色

以德行是否能教導的問題為中心的柏拉圖『普羅塔哥拉斯』篇中，對詭辯主義者的特色，有全盤明確的描述。

普羅塔哥拉斯本身是一位優秀的人物，同時他也可以教導他人成為優異的人物。因為他懂得教授的技巧，他運用說服和辯論之術教導學生，而其他的詭辯者則隱藏自己的辯論技巧。普羅塔哥拉斯公然的對雅典人自我宣傳，宣言自己是哲人，並且教導學生德行，他是第一個要求金錢報酬的人。

雅典的青年希波克拉底（Hippocrates）希望成為國家稀有的偉大人物，他一心想拜普羅塔哥拉斯為師，於是要求蘇格拉底引介。蘇格拉底告訴他：「你只要付錢好好拜託他，他就會收你為徒的。」

紀元前四三三年，蘇格拉底已三十七歲，而普羅塔哥拉斯已是高齡，在當時人們的心中，蘇格拉底的言論技巧已步入顛峰了。

此時的詭辯者則是指「知道聰明事項的人」，更進一層則是指「擅長辯論技巧知識的人」。因此，詭辯主義者汎指教導優異知識給他人的人。

另一方面，蘇格拉底對希波克拉底說：「普羅塔哥拉斯把靈魂當作商品，好像在作批發和零售！」

蘇格拉底看透了詭辯主義者的性格，從他前面所說的話，完全把普羅塔哥拉斯看待為一個詭辯主義者（Sophister），不僅如此，明顯的表示不信賴他們。此外，當時為人所知的詭辯主義者尚有基果加斯、蒲魯泰納斯、希米亞斯等人，蘇格拉底比詭辯主義者更具備高明的能力，他曾與詭辯主義者進行辯論，令對方辭窮，進而承認他的主張。普羅塔哥拉斯就是在這種情形下，對蘇格拉底的優秀性主張臣服的。

但是，像蒲魯泰納斯，這樣的一流智慧者曾說：「只要有機會的話，我會任意去拜訪他國，我相信當地的優秀青年，一定可以被我說服，使他們停止和他們年紀稍長或年輕的人交往，轉向我學習。這些青年只要在我的教導下，一定可以成為優秀的人。然而，從事這種工作的人，都必須小心，否則很容易引起別人的嫉妒。別有企圖的人，還會煽動群眾陰謀陷害。雖然辯論的技術自古流傳下來，但是做這事的人，害怕這技術所伴隨而來的憎恨，而抱著敬而遠之的態度，這類的人如荷馬便是一個代表。」

像蒲魯泰納斯有不能令人憎恨的專家風貌，以他做老師的話，那一定會變成更優秀的人，日復一日的邁向更美好的進展。蘇格拉底曾問蒲魯泰納斯對優秀的人物和美好的方向的定義。

蒲魯泰納斯回答：「使家庭、國家公共事物更順暢，教導他們有能力的處理這些事物的行為和方式。」

這些都是為國家和公共的技術，也是為國家和公共製造利益的優秀人員的意思。也就是說，蒲魯泰納斯所教導的便是「德行的問題」。

辯論的技術

詭辯主義並不是以德的本質問題作為探討，進而教導學生。他們教導學生巧妙的講話技巧，即俗稱的修辭學和問答競賽，這可說是詭辯主義者的一大功績。

關於這點，可長可短。「如果你想那樣做」或「如果你這樣想」，以這作為說話的前提時，會帶來什麼樣的結果；只是以銳利的心和眼光注意觀察的話，便可推測得知。說壞一點，每個人對德的看法並不相同，總而言之，只要讓對方同意自己的標準即可。

更客觀的，只要對方同意這種看法，就算忽略了真實也無所謂。

蘇格拉底不可能沒有學到詭辯主義者的辯論技巧，但要他忽略事實，只鑽研說話技巧，是不符合哲學的精神的；關於這點，蘇格拉底比任何人都要了解。

如果教育的重要內心，只是在教運用詩句的才能，那「優秀」的人，和「平庸」之人就沒有任何的區別，而不是因才施教。關於這一點，蘇格拉底很快的便加以看破，「成為」和「存在」的區別，看起來似乎很簡單，事實上卻又相當複雜，雖然話很簡短，但卻相當不簡單。

譬如「不超越自己本分」和「了解自己」等，都是人類自己認為自己是什麼樣的人，自己思考所來，而不是憑著事實做判斷的。

這種想法，對蘇格拉底來說，是絕對無法做到的事情，那是不外乎無知。因為人的想法有時是錯誤的，因此，犯了錯也說不定。

詭辯主義者熟知知識的技術，並將自己所得到的技術教導他人。但是，智慧和知識本身，他們卻沒有教導，也沒有追求「不可能」以外「可能的事」，關於這一點，蘇格拉底就和他們有很大的不同。

更進一步，蘇格拉底並沒有做教導的事，也就是當他的學生自覺時，並沒有「轉與」的行為。喜愛求知的精神，不是一種給與，也不是一種轉移精神，縱使有轉移，從心的角度，嚴厲的來說，可說是一種「回心」。問題便是在他的教導方法，他所用的方法和詭辯主義者所用的「辯證法」、「產婆法」（以後會有敘述），必須加以區別。

當時的哲學

對蘇格拉底而言，詭辯主義者提供了他訓練思想和行動的最佳場所。詭辯主義者的語意是「很有智慧功用的人」或「使知識功用變得更好的人」。關於這一點，蘇格拉底並不加以否認詭辯主義者，他也看到了詭辯主義者「能使人變得更聰明」或「教導他人的人」。

但是，蘇格拉底也看出了「知識的可怕」，如何教導是關鍵的所在，教導的方法錯誤時，將會使盲目跟從的人，陷入萬谷深淵。因此，蘇格拉底所教導的內容，所運用的方法，都必須和詭辯主義者分開。

在這時代，還出現了四位優秀的自然哲學家，像恩貝多克雷斯，亞拿薩哥拉斯、劉肯戴柏斯和戴摩柯尼塔斯等，這些人是繼愛奧尼爾以後，自然哲學家的傳統人物，和詭辯主義系統不同，寧可說是他們雙方各有其生活意義。

詭辯主義者不太注意宇宙和自然的事情，只研究人際的問題。但是，為什麼要研究人際的問題呢？

因為他們對當代的要求，有敏銳的感覺。正如前面所說，他們運用自然研究的結果和必然性，對有用事物的關心和人的生活有著密切的關係。

對詭辯主義而言，知識和辯論是相當有用的事情，以教授知識和說話技術來換取金錢，對教的人和被教的人都有益處。

然而，蘇格拉底認為沒有必要具備詭辯主義者所謂的「生活的智慧」。

對蘇格拉底而言，巧妙的生存，在國家嶄露頭角，獲得名利等，都不是他所致力追求的。因此，詭辯主義者所關心的東西和蘇格拉底完全不同。但是，詭辯主義和蘇格拉底，並沒有和同時代的研究自然之哲學家，踏上同一條路的原因，不能完全加以忽略。

詭辯主義者變成教導他人，獲取金錢的人，並不是偶然的。教導他人的辯論技巧，不是站在他人面前，說話大聲即可。詭辯主義者對同時代研究自然的人的血汗和創造努力，有某種程度的學習吸收，他們運用研究自然的眼光動機，轉為研究人類本身，甚至採用研究自然學問的方法來探索人類。

蘇格拉底並沒有忽略自然哲學者，也沒有忘記詭辯主義者。他究竟採取怎樣的教學呢？

自愛奧尼爾以來的表現形式是「寸言」，那不是簡而易懂的語言。自然哲學家保護宇宙和自然的方法，並不是以「對論」、「問答」、「辯論」等方式來表現。人並不是不能用「寸言」來對談，只不過採取這種語言行動，會對人類造成不方便。運用「寸言」的話，有時會使問答產生無解的情形。隨著對自然的關心轉移到對人的關心，相對的，適應的語言也就隨之而生了。

蘇格拉底對於詭辯主義者，對人類注意的言論發表，相當的關注。更進一步的，蘇格拉底對詭辯主義者的著眼點和自然學者不同的視點，加以掌握。他年輕時致力於研究亞拿薩哥拉斯所主張的學說，但後來因出乎意料的對它失望，進而由自然研究者世界中退出，一心研究人類的共通點。如蘇格拉底所提倡的靈魂「不滅」研究，和一切人類有關連的研究。

蘇格拉底受到「特耳菲的神託」所支配著。為什麼神不把神託寄望在詭辯主義者身上呢？這實在是一個問題。神如果要找像蘇格拉底之類的賢者，是相當容易的，是不是神對辯論術感到失望呢？是否非智者，卻稱自己為智者的人太多的緣故？或是蘇格拉底基於敬賴神，而獨創的智慧呢？

無論如何，雅典人正在尋求智者，蘇格拉底不僅鑽研於自己所自覺的使命感（註一），同時對神以外的現實之事也相當注意，如果蘇格拉底想要傳達阿波羅神的指示，作為自己人生的使命，那麼，則必須要神和蘇格拉底二人意志相連合的現實條件存在才可。

詭辯主義在國家狀況變化激烈的影響下，成為智者的代名詞，很多人都向神祈求成為智者。如果真是如此，蘇格拉底也不會因無實之罰被判死刑的。

這個假設，可知蘇格拉底和詭辯主義者、自然哲學者，產生新的哲學背景，蘇格拉底融合了傳統學問的變革、人性的變革和國家的變革三項要素，成為了他自己獨創的哲學。

（註一）　「死命的思想」，無論是什麼事，都本著「無知是知」為前題，以求知、愛知為使命的人生觀和哲學，就算為它而死也不在乎。這就是蘇格拉底的存在理由，因為一般人所共通接受，而成為一種思想。

人人都要守法，但是，守法的意義和運用，和裁判官、被告和民眾等方面，自然應該呈現多樣性的選擇和界限。人類從無知的知變成智者、靈魂的變革，經過回心，盡而形成相信不滅的精神，否則便無藥可救。

傳統學問的研究目標多樣卻統一，在潛意識中傾向於普遍性的知識，為了解開這些問題，首先必須追求人類自己本身，也就是這樣，蘇格拉底便和自然研究者和詭辯主義者訣別了。

蘇格拉底的弟子

無限而唯一

蘇格拉底精神上的徒弟有很多人，凡是學習他哲學的人，都會無條件接受蘇格拉底的洗禮，而更多的人是在蘇格拉底『辯白』和回心動機的影響下，而得到啟示。蘇格拉底超越時人、人種和地方生存下來。今後，他也將繼續活在人們心中。

蘇格拉底主張靈魂不滅，他的精神也明確以某種形式生存在我們內心，他不但是一個教導人的哲人，在行動上更是為人師表，只要和他有過接觸的人，都會自我反省，儘可能的貫徹蘇格拉底的精神。然而，卻沒有人能超越他？

所謂的弟子，是指踏在老師的影子，進而超越老師的人，才叫弟子。因此，師父和弟子的身分是隨時在變換的，而蘇格拉底可說不是任何一個人的老師。這之中有一個例外，那就是柏拉圖。

柏拉圖

假如沒有柏拉圖，蘇格拉底可能只成為一個討論的故事，因為蘇格拉底本身並沒有留下任何的著作。因此藉著柏拉圖的著作，我們才了解到蘇格拉底的偉大，如果要列舉蘇格拉底的最大弟子的話，除了柏拉圖，實在不作他人想。

柏拉圖

先不論及柏拉圖和蘇格拉底的關係，單就柏拉圖個人，就值得我們讚揚。柏拉圖是名門貴族，但他卻將蘇格拉底的對話加以整理，傳達蘇格拉底的精神，讓我們可以完整的描繪出來。

柏拉圖是蘇格拉底回心後，收的第一個弟子，克利多是蘇格拉底的好朋友。

柏拉圖是在蘇格拉底被判死刑後，才從原先立志作藝術家的志向，轉變成當哲學家。他具有藝術的天份，並且充滿詩人的氣質，而真正了解他的人，除了蘇格拉底外，沒有第二人選。蘇格拉底死時，他已二十八歲了，在柏拉圖內心當中，他以日夜和蘇格拉底合而為一的方式，將蘇格拉底確實、誠實的描繪出來。因此有蘇格拉底才有柏拉圖，而有了柏拉圖才有蘇格拉底，二人的關係實為老師與弟子的最佳模範。

當我們閱讀柏拉圖的『對話錄』時，從雅典文的敘述上，可了解到柏拉圖的藝術天份。他以蘇格拉底的言談作為媒介，讓我們感覺到他天才的發揮。如果柏拉圖沒有和蘇格拉底邂逅的話，柏拉圖會變成怎樣的人，是不用懷疑的。蘇格拉底在雅典監獄仰藥自盡時，柏拉圖並不在他身邊，但那並不是重點，只要讀過蘇格拉底留下的福音書──『蘇格拉底的辯白』、『饗宴』、『克利多』等，就可了解柏拉圖真正的價值，與他和蘇格拉底的關係。

如果蘇格拉底活到一百歲，也留下了著作，而柏拉圖則將近六十歲，或許二人的關係，就柏拉圖的敘述而言，也會產生很大的變化，然而這些都只是想像，不具任何的意義。我們必須放棄劃分蘇格拉底和柏拉圖的區別，因為事實上，以往對蘇格拉底的想像，都是依賴柏拉圖的。因此，歐洲哲學史上，就不必拘泥於「蘇格拉底的問題」或是柏拉圖所想的。

柏拉圖初期的哲學，全是蘇格拉底的遺產，這是相當清楚的事。關於繼承的問題，只要不是抱著惡意的眼光，又不懷疑柏拉圖的資質，可以說不會發生。柏拉圖中年至晚年的思想，則受到畢達哥拉斯數學理論的影響，然而卻無法消除蘇格拉底的影響。只有在柏拉圖晚年從事的政治活動和所遭受到的挫折中，才能明顯的看出和蘇格拉底不同之處。

柏拉圖的完美主義，是受到蘇格拉底的影響，柏拉圖以「觀念論」為根本，來壯大華麗的哲學體系，這都是拜蘇格拉底之賜，而辯證法也成為柏拉圖的哲學方法根本。

事實上，這種方法是源自於蘇格拉底的對話方法。也就是這樣，柏拉圖在西歐精神史上，建立起「觀念之王國」。不管是受到誰的批評，或是國家的傾亡，都不會影響到柏拉圖在哲學上的地位。柏拉圖的哲學生命是「沒有被寫的哲學」的詩，他常常放棄探究的可能性，而先斷定「哲學未來像」。

所以，柏拉圖主義可說是理想主義的典型，依舊啟示著我們。

小蘇格拉底派

柏拉圖在蘇格拉底的徒弟中，算是特殊的一位，因為柏拉圖太為耀眼，遮蓋了其他弟子的光彩，因此除了他以外，所能列舉的並不多。正如剛開始時所介紹的，蘇格拉底死時，在他身邊圍繞著很多弟子，如安提斯西尼斯（Antisthenes）、亞里斯提帕斯（Aristippus）和歐幾理德（Euclide）等，他們被認為是犬儒派（註二）的創始者，也是繼承蘇格拉底的直系思想。

安提斯西尼斯出生於紀元前四四四年，死於紀元前三八六年。他對朋友有一個獨到的看法，從蘇格拉底和他的對話中我們便可看出（贊諾芬所著的『回憶錄』）。

安提斯西尼斯認為每個人都有他自己的價值，因此，無論是奴隸或朋友，也有一個價碼，也有人願意傾家蕩產為朋友犧牲。既然如此，自己在朋友心中究竟佔有多少價值，實在值得我們好好

安提斯西尼斯

（註二）　所謂的犬儒派，是以安提斯西尼斯的著作而命名的。這派的人是否過著犬般的辛苦生活，我們無法得知。

思量，並且必須努力提升自己在朋友眼中的地位，減少朋友背叛的機會，這是相當重要的。

蘇格拉底對朋友的選擇方法，曾向安提斯西尼斯提過。蘇格拉底認為所選的朋友，必須能對食物、酒、性慾、睡眠、懶惰等自我控制的人。

在『回憶錄』中，蘇格拉底曾說安提斯西尼斯絕不會離開他的身邊，因此，我們可以確定安提斯西尼斯的確是蘇格拉底的弟子。但是，不離開老師，並不代表具有徒弟的資格。所謂的徒弟是必須繼承老師的思想主流，並且有某種程度的實現，才是真正的徒弟。

忍耐和自由意識

小蘇格拉底派，除了安提斯西尼斯外，尚有亞里斯提帕斯（紀元前四〇四年～三二三年）、和歐幾理德（紀元前至二六八年），傳說中只有這三個人最有代表性了。

安提斯西尼斯認為，人生在世只有自己是最重要的，因此，不拘泥於有無財產，這樣的人生是最高級的。

蘇格拉底對一切的事都毫不在乎，如國家、家庭，他認為一切都是附屬品，關於這一點，安提斯西尼斯和他有共通的地方。要保持內心的平靜，必須忍受一切障礙。然而要做到這一點，卻必須經過自我訓練，譬如饑餓、口渴、寒冷、炎熱、疲倦等，都絲毫不受到影響。也就是一切的痛苦，都不是痛苦，而在自己的內心和肉體上，只要自覺充分滿足即可。這就是自己充足的思想。

刻意安慰自己在極端清苦的生活中是快樂的，並且毫不介意的和他人相處。在他人眼中，皆對安提斯西尼斯的這種珍奇的看法，加以嘲弄和挖苦。蘇格拉底的銳利口才並沒有傳給小蘇格拉底派，因為他們對別人的嘲笑，無法以高技巧的反諷回去，因為嘲笑是違背了蘇格拉底派的諷刺。

亞里斯提帕斯沒有居所，也許是他自己不願有的緣故，我們無從考究。他沒有其它的衣物，也是裸著腳，身上一無所有。下雨時，就躲在埋葬死人時所搭建的棚子裏，那並不是表示他希望早一點死，因此作好一切的準備。以現代的術語來說，就是追求自由，並且這自由是指內心的自由，而不是外在一切都獲得滿足的前題下的自由。不被任何東西所束縛，而追求意志上的自由。他也是為死而活著的，食物也是向他人乞來的，可說是乞丐的自由。

關於這推論是相當荒謬的，基督也曾向人乞討過食物，那是神的意志透過人類作為媒介，而表現出來的喜捨，因此從他人身上獲得食物，是神的贈送之物。

關於歐幾理德，則有一個很有名的故事，那就是和亞歷山大大王的對話。

亞歷山大大王：「你要什麼？我通通都可以給你！」

歐幾理德回答說：「我什麼都不要，只要你不要妨礙我的自由思考和曬太陽即可。」於是，亞歷山大大王敗北而去。這個故事的正確程度如何呢？

可能是傳說和真相各佔一半，我們不需拘泥在這種事情上，重要的是了解故事裏的真正涵義。歐幾理德並沒有因別人的身分地位，而放棄忍耐和自由意志，他清楚的知道自己所要的東西，並且切實實行，把真實和行為連成在直線上。

我們可以這樣說，一旦要的東西得手，便是自由，不是慾望獲得滿足的自由。這一切都必須經過嚴格的訓練和忍耐，才可獲得意志上的自由，這也就是所謂的歐幾理德的自由。

關心和不關心

蘇格拉底對自己所關心和不關心的事，都相當的清楚自覺，並且老實的表現在行動上，在說話時也是如此；他的弟子們，也都沒有違背恩師的教誨。

蘇格拉底最關心永不毀滅的真實；柏拉圖則認為真實是一切的觀念；安提斯西尼斯則是強調「意識的自由」；亞里斯提帕斯則是「自我充足」。

從蘇格拉底到亞里斯提帕斯，在哲學的內容上已有明顯的變化。蘇格拉底和柏拉圖之間，雖都是探討普通的真實，但卻有討論方法由內至外，或由外至內的區別。但到了亞里斯提帕斯，則是對一切外在事物都不關心。他們追求無關心的自由，雖然這種風氣並不是要大家放棄對國家和社會的關心，但是，有可能轉變成這樣的傾向。總而言之，對外在事物的關心已大不相同了。

蘇格拉底誓死留在雅典；柏拉圖晚年踏進政治圈中，致力於自然哲學，將恩師的精神完全融合，進行整理恩師的言論；但是，安提斯西尼斯和亞里斯提帕斯等，則完全否定掉城市國家的制約，到處徘徊，一點都不會怎樣；可說是在初航時，在茫茫的大海中，尋找意識的自由和自我的充足吧！

我們從蘇格拉底的眾多弟子，和精神上的弟子中，就可察覺蘇格拉底的思想了。

第二章　蘇格拉底的思想

阿波羅的使者

思想的萌芽

一般所謂的思想，是指內心所浮思的事、所想的事。它是在生活中產生，進而支配我們的生活和行動，並且包括對事物的看法。

思考作用的結果，其產生的意識內容和思想，也是思想的一種，因此，思想產生變化的可能性，是相當高的。

但這所指的，只是思想的意義而已，並沒有包括思想的源由。蘇格拉底的思想，則是追尋事物的源由，也就是為什麼、從那裏來等。蘇格拉底的思想，都是有根源的，也是基於此，他發展出一套由內而外的哲學。動機也就在此，因為內心的自覺早已成熟，哲學的種子也開始萌芽了。像蘇格拉底這種情形，究竟是思想？還是使命？都是一個問題。

一般所謂的使命，是被賦與的任務，通常是被命令作為使者一定要完成的工作。蘇格拉底有特殊的任務，因此，他的思想可說是他的天職；並且他的天職和他的死亡聯結在一起。他的思想是他的使命，不得已之下，不得不和死亡交換，徘徊在死亡的邊緣。蘇格拉底的思想，便是通於死命的天職。

因此，他的思想，不僅僅是思考的、內心的、言語的、想像的東西，而且還是行動的思想，並且帶有天職的使命，也就是「死命的思想」，也可說是「阿波羅神」帶給蘇格拉底的啟示，而不是從他處傳來給他的。

阿波羅神帶來什麼思想？蘇格拉底身為使徒，又帶有什麼使命？我們現在以柏拉圖和贊諾芬的證言，來探索一下蘇格拉底的這些疑問。

思想的形成

蘇格拉底的思想，是一種「死命的思想」。因為他必須以生命作交換，否則無法繼續貫徹下去，因此，可說是典型的「行動思想」，並且這是永遠存在的思想。他在戰場上，三次聽到神的啟示，不斷的思考著，終於形成他的思想。而這個思想所波及的範圍，從這個世界到另一個世界，從希臘到世界各地，沒有一個人不受到影響。

蘇格拉底雖然身體已死不能動彈，但是，他的靈魂帶著他的思想，參加了永遠的運動。並不是說他相信靈魂的不滅，而是他啟發了很多世人的精神，今後也會繼續啟發下去的緣故。

這樣的思想，啟發於阿波羅神，並巧妙地促進蘇格拉底的自覺。但這完全是事實。阿波羅神是一個永遠的神，蘇格拉底在這永遠的神啟示下，形成了他的思想，並且他的思想繼續影響著後人。

如果真是如此的話，我們就必須感謝阿波羅神的神喻，和傳話給蘇格拉底的凱利鋒了，凱利鋒才是有資格成為永遠的人才對，更進一層的，必須給與蘇格拉底更高的評價才行。

思想形成的出發點，便是動機，但是，動機的產生卻是來自「契機」，關於這一點，我們決不可忘記。當時的人大多知道「沒有比蘇格拉底更聰明的人」和「你自己知道自己」這二句話，然而卻是透過蘇格拉底這個人，才開始被人所重視和現代化。蘇格拉底的健康狀況，和他的強烈「死命感」，都是源自於他哲學本質的覺醒，如果不是這樣的話，就不會有「無知之知」、「助產術」、「永遠的東西」等言論誕生下來了。

的確，能聽到「神靈」的聲音是一種精神異常，但是，這種異常反而呈現出他的特色。然而，雖然神是永遠的，但有誰可以肯定實現神的言論的人是永遠的呢？神和人是不同的，雖然有「神人」和「人神」的說法，但那只是比喻支持神的說法，蘇格拉底只是這樣的人，但卻不是神。

但是，蘇格拉底的思想，卻是和永遠同化，並且到處傳授著。而蘇格拉底只可說是一個「真正的人」，而不是「神本身」。蘇格拉底只算是在哲學上有獨創的「新人」，而這新人已達到「誠實之路」，並且是具有「完全道德的人」。雖然如此，他並不是一個嚴肅和無趣的人，他具有優逸和充滿幽默的哲人，因而他自己招來死亡，進而成為一個「死命思想」的哲學家。

思想的命運

雖然思想的命運可加以預言，但沒有任何一個人敢斷定，因為斷定就是撒謊的開始。蘇格拉底可以說是預言的思想，但卻不是以「斷言」的形式來預言，只是一種主張和強調而已。

蘇格拉底具有思想，而這思想卻帶給他危險，明知道這一點，卻依舊付諸行動，於是一步步踏入死亡的命運中。

因此，就某種意義來說，並不是每個人都會有這樣的思想。因為在面臨死亡的危險之際，依舊不理會帶來危險的人，和他所帶來的危險，像這樣的人並不多見。也是如此，除了這時代的特定人才了解蘇格拉底的理想，因而其他人因不了解蘇格拉底的思想，而選擇與他為敵。

以歷史的眼光來對蘇格拉底作重新的評判，每一個思想家，都擁有悲劇的一生，這實在是很奇怪的事，因為人類並不是無知。蘇格拉底的思想，流傳了二千多年，一直到今日，仍舊震撼在我們的內心和精神上，可說是其偉大的證據。

由此可知，蘇格拉底的思想是打破時代的限制，超越時空的。國法並不是永遠的，它是受到人和時代的要求，會產生變化的。

事實上，蘇格拉底沒有打破改變國法，雖然他的思想影響到雅典的法律，結果並沒有打破那時代的法律，所以縱使思想的命運在傳統中消失，它依舊存在人們的心中。

蘇格拉底自己在『辯白』中強調著，並且倡導靈魂不死，他的思想也將永遠不死，而與人們的生活纏繞著，繼續活下去。

我是牛虻嗎

有時思想就像閃電一般出現在人們心中，使人頓悟。但是，蘇格拉底思想誕生，卻不像閃電那般地快速。在伯羅奔尼撒戰爭中，國家的命運和個人的生死，有著密不可分的命運。而動盪不安和每日轉變的社會下的人們，也都需要精神的糧食，蘇格拉底當然也不例外。

當時的哲學分為自然哲學，以及詭辯主義者所謂的實利人際學，這兩種哲學成為思想的主流。然而這兩派人，都無法使蘇格拉底感到滿意。所以，蘇格拉底雖曾對自然哲學關心，後來又轉移了方向，專注於探索、研究人類。

蘇格拉底首先向詭辯主義者挑戰，隨著次數的增加，蘇格拉底越清楚詭辯主義者所用的方法，也就越不滿他們所主張的哲學。同時，他也感覺到政治家的腐敗和墮落。

雅典人相當的信仰神，並且遵從傳統性的宗教。很多人都想知道，神對這種值得憂慮的情況究竟是如何判斷。或許神相當地了解蘇格拉底，於是透過直爽的凱利鋒，來傳達他的指示，這是很自然的。也可說是，每個人在歷經這戰亂和腐敗的國家後，全心全意的祈望雅典守護神阿波羅能派遣一位使者，負有使人類覺醒的重大使命，每個人都盼望著他的到來。

凱利鋒質問神時，神告訴他，雅典城內沒有比蘇格拉底更好的智者，於是蘇格拉底接受了神託。起初，蘇格拉底聽到這件事時，感到驚嚇。他認為神的話應該是正確的，如果神的話是假的，實在是相當奇怪。

站在蘇格拉底的立場來看，因是神託，所以必須切實去做。從這時開始，蘇格拉底開始思考自己是否是智者的確認，並且到處去找尋證據。蘇格拉底認為必須要先了解自己，然而為做到這點，必須和他人辯論，把自己的內在和他人的內在都暴露出來才行。

默默的獨自思想，會陷入自我矛盾的陷阱裏，關於這一點，蘇格拉底相當的清楚。自己知道本身的求知方法，並且將自己映在別人的鏡子裏，透過對話和問答的方法，對自己和他人來加以思量。

蘇格拉底做這件事時，有了這樣的想法，他自認為「自己像牛虻一般」。他把雅典比喻為馬，而自己就是整天囉哩囉嗦，令人討厭的虻。「虻」是有點像「蒼蠅」但體積更大的昆蟲，專吸人和牛馬的血。虻若附在人身上太久，就可能被打落，面臨死亡，因此虻隨時暴露在死亡下，然而虻卻不知這點。但是，蘇格拉底卻知道這點，他之所以不願離開，是因為他是神的使者。

虻以吸食人血為生存手段，有時會把人從睡夢中吵醒。蘇格拉底的行為也有類似的結果，使雅典人自覺自己的無知，不要讓他們的靈魂懶惰的沉睡著，警告他們要回復人的本性。因此，在『辯白』中，蘇格拉底將自己比喻為虻，他知道「虻」必會因叮「馬」而死，而被虻所叮的人也會死，然而思想的靈魂，卻永遠也不會死的。

更進一層的，蘇格拉底還被他人比喻為「電鱝」。人們說他就像海裏扁平的電鱝魚一樣，凡是和他有實際交談過的人，都會內心一片空白，對他的問題所麻痺，什麼都無法回答，而暴露出自己的無知。

像這樣，身為阿波羅使徒的蘇格拉底，出現在雅典，不管遇到什麼迫害，到死都想完成「虻」和「電鱝」的角色，那裏有他自己獨創的「無知之知」的「新哲學」之路。

無知之知

知道你自己

蘇格拉底自覺自己的命運，就如同在他的生命中所鋪設的軌道般。正如地上的道德律和天上的星月之美，都是可直接看到一般，或者是笛卡爾的Cogito理論「我思故我在（Cogito ergo sum）」的見解；總之，蘇格拉底是以「自己知道自己」來貫徹自己的理念。

然而蘇格拉底的路，卻使他一直線的向死亡邁進。那裏有種種的障礙存在，這就是「新人之路」，內外都充滿危機，必須追循現實、精神的危險軌道。縱然蘇格拉底是阿波羅神的使徒，他終究只是一個凡人，必須自己救助自己才行。

關於這一點，基於義務和天性，在這時蘇格拉底並未把道德看得像自然和美麗般，沒有任何人直接救濟他。他也未曾對饑餓的人，臨死的人加以救濟，因為沒有任何的傳說留下。

對人類的救濟，最好採取「間接的救濟」比較妥當，徹底讓自己和別人，以言語的方式使大家覺醒，而這言論是依照人類共通的「精神」而產生的一條人類道路。

因此要自覺，首先就必須了解自己，知道自己的個性，掌握住自己的性格，仍舊是不夠的，還必須知道什麼樣的人才會被「人類」所接受。這並不是要拘泥於自己，自己拘泥在名譽、地位、財產，並且依依不捨，而是自己要知道自己的慾望。

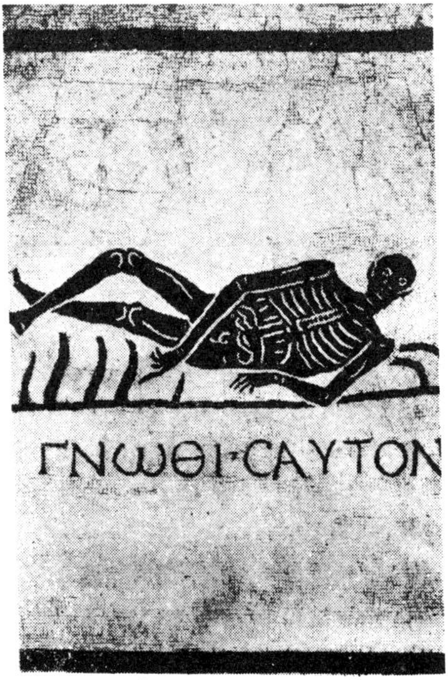

「了解自己本身」

從某種意義來說，蘇格拉底的問題便是「了解自身」，而這裏所謂的「自身」就是指「自己」。「思考」和「問答」就是一個為了解自己的必要手段。

知道自己就像知道別人，知道別人就像知道自己，為了「知道」而採取並重視「問答」和思考方式，來達到普遍性的了解，再經過「歸納」的過程，達成「定義」，而產生人類共通的「人類」事物、形狀。

象徵的森林

一旦發現人類的共通處，就如同在森林中看到樹木。在森林中特殊的變化，就是「蘇格拉底的林木」，要發覺這一點並不容易，只是以阿波羅神說的「蘇格拉底的樹木才是樹木」，這樣地象徵著，並且作為標誌。

人類的象徵如蘇格拉底，想要在言論的漩渦中找出真理，幸虧有自己認為是「大將之材」和「人中人」的誇耀的人，而蘇格拉底在這種森林中，就如同虻一般，到處赤著腳走路。對於自己自大的人，究竟有什麼值得誇耀的地方，蘇格拉底一點也不懂。

以這種方式，蘇格拉底自己仍像虻一般，在森林中飛行，由這個森林到另一個森林，他發現所有的人，不知人為何物，不知木為何木，這樣奇怪的事，只有蘇格拉底發覺到。

蘇格拉底曾說出充滿魅力的話，在平凡中露出曙光。他說：「知道不知道的事」，只是知道自己不知道而已，真理就在眼前，這是相當容易了解的事。對於事情，「知道就說知道」，「不知道就不知道」，就只有這二種回答。很多人無法在森林中看到樹木，在他們眼中，他們只看到森林。

「知道你自己」的意思，除了蘇格拉底以外，誰都可以適用。因為蘇格拉底認為自己什麼都不知道，而森林裏的樹木指的就是蘇格拉底，也就是他擁有「無知的自覺」，可以作為眾人的典範。

無知的自覺

知道自己不知，這一行字是相當深奧的。許多被人稱為智者和賢者的人，以為自己什麼都知道。但是，就全體的立場來看，是絕對辦不到的，這和「看」、「瞭望」並不同。蘇格拉底知道不斷的探究特殊的事情，就可以達到普遍，以連續質問對方的方法，透過對方的思考，來了解問題的真相。

這種作法，有時會碰上「無知的知」，具有某種程度的真實，蘇格拉底這樣的認為著。的確，這是一切人類的共通，自己知道自己什麼都知道，因此，不能把自己的無知在沈默中顯示出來，也就是說這些人無法回答蘇格拉底的質問，不能回答的無知之人，便對蘇格拉底產生反感，甚至將自己的無知更加暴露出來，因此「無知」也可說是「無恥」。

自己不知道自己的無知，卻依舊認為自己知道的思想，是不知羞恥的行為，也就是羞恥不認為是丟臉的事情。然而誇耀自己知道一切事的人，才真正是被稱為厚顏無恥的人。

蘇格拉底的了解阿波羅神的真意，除了他以外，幾乎所有人都沒有自覺到他自己的無知。這「無知的知」的思想，是蘇格拉底的使命，也是貫徹他一生的信念，這可說是他的思想結晶。

諷刺的觀念

「無知的知」，形成了蘇格拉底「死命的思想」，那是因為會有太多諷刺的觀念。

如果蘇格拉底什麼都不知道，那麼就算是透過對話，和詭辯主義者的強敵辯論時，也不會產生無知的自覺。但是，詭辯者自己不努力使自己自覺，想要使精於修辭學的他們保持沉默，察覺自己的無知，以普通的論稱絕對是辦不到的。因此，如果這是一種技術，那麼蘇格拉底的情形，可說是一種諷刺。

「Irony」（蘇格拉底式的問答）是諷刺，是反語，是挖苦，這都是相同的意思。在不傷害自己的情況下，將對方逼到這樣無助的狀態，就是真正的意思。蘇格拉底的情形，則是以讓對方產生無知的自覺為動機的目的，與以暗諷，要他們開啟這思想，絲毫沒有野心和其他不正當的行為。所以，對於詭辯主義對他的反感，感到相當的奇怪，從內容上來說，或許是如此，但他所使用的方法卻是具有諷刺的觀念，從他自比為「虻」和「電鱏」就可看出。

雖然刺激對方，沒有人會殺他，但蘇格拉底終究因刺激過太多人而被殺。其中的原因自然會有諷刺的意味。但是，蘇格拉底並不認為諷刺是直接的原因，因為殺人者終被人所殺的觀念，深深的在他心中札根，因此他將他的死，歸因在他人對他信念的挑戰。

雖然如此，諷刺（言語）上的應用，是不是出自蘇格拉底的企圖？這實在是一個值得研究的課題。

「知道」和「不知道」，可以說是相對的觀念。「不知道的事說不知道」和「不知道的事說知道」，以蘇格拉底的立場來看，必須有事實根據作為背景，因此，在這言語間運用諷刺的概念，進行操作，也不能說他是故意取笑他人的，只是為了讓別人真正了解「知之為知之，不知為不知」的真正涵意。

「無知的知」是阿波羅神的神託，蘇格拉底經過實地的證實，更加鞏固他的使命感，這也是人類共通強有力的「自我」發現方法。

所謂的「自我」，並不是指特定的「我」，而是包括很多的我，「無知的知」可以使人類的精神圈擴大，就如同站在大家所擁有的廣場上，帶有這樣的意思存在。假如真的是這樣，以希臘語的諷刺（Irony，裝作不知的樣子），作為觀念，並加以運用它的方法和概念，是可以啟發人類的。因此，就蘇格拉底而言，「無知的知」和「諷刺的觀念」是彼此相合，絕對無法分開的，並且這也是一種挖苦的方法。

助產術

為什麼沒有著作

蘇格拉底沒有留下任何的著作，關於這原因，柏拉圖和克利多等人也都沒有任何的言論留下，幾乎沒有任何的傳言。因此，對於這個問題，我們也不必要特別的用想像來回答。

蘇格拉底充滿了精神力和創造力，他的思想信念的持續力相當的堅固，是一般人無法比擬的。假如說他不懂文字，不會運用書本的道具，實在是一種荒謬的想法。既然如此，為什麼他沒有留下任何的著作呢？是不是有其它原因呢？

詩，是蘇格拉底相當重視的，從『克利多』的敘述中，我們就可以知道。蘇格拉底是否具詩才，這另當別論。然而哲學和詩是連在一起的，尤其是蘇格拉底熟知「哲學與詩」。愛知和追求知識的精神，重視精神，有時也會被人誤會是撒謊，產生誤解，或是與真實背道而馳。蘇格拉底盡量避免使用這種方法，這樣才可稱為愛知者，蘇格拉底便是這樣的一個哲人和詩人。

活的哲學家，認為自己的言語和行動就是一切，因此，沒有特意的想傳給後世。不管是多麼優異的思想，只要訴諸於文字並作成書籍，在當代人面前，就和死亡一樣，他最初的光彩就會淡泊消失。

是不是蘇格拉底了解這一點？從某種意義來說，他具有哲學家和詩人的雙重身分，在生存著時所講的話，具有一定的生命，像對話一樣，在問答和回答的這段時間內，才真實存在著。

真實是隨時都有的，然而如果想要一模一樣的傳下來，就必須透過活的生命的語言，利用它使對方自覺，同時也可使自己和對方產生思考。更進一層的，藉由學習和教育學生，是最好的方法。

這和閱讀不同，這種方法產生的效果更大，因此，不必特別加以記載。這也是蘇格拉底認為不需要留有著作的原因。

教育

因為蘇格拉底抱有這樣的看法，因此在教育上，他可說是一等一的高手。然而我們不可把他視為一個教育家，因為他不是為教導而教育學生，不是以教育為直接目的，而是為使對方產生自覺，和以教育作為理想來教導學生的教育家，是完全不同的。

如果蘇格拉底的思想，會有教育的理念，那就可稱為是「助產術」。這是他獨特的教育方法，這和「你必須了解你自己」、「無知的知」、德（人的好處和優秀性）和思慮有關。

沒有「成為優秀精神」意志的人，卻要成為一個優秀的人是相當困難的。為什麼必須成為優秀人的呢？

首先，我們要先了解原因，那即是為使下一代走向正道，必須以身作則，作他們的典範。

小孩子是無知的，因而需要他人的教導，而無知的自覺，則需要學生自己來做，老師無法幫他，而完全依照學生自己的意識作選擇。思想信念的誕生，因徒弟的能力而有不同的獲得，就像列在他們面前，藉由問答，而加以得到。

總而言之，讓對方自覺愛知的精神，形成「不管在何時何地，都以追求真實作為信念」的方法，稱為助產術。

助產術是蘇格拉底的經驗基本，這是他個人體驗的堆積，也是肉體的靈魂的誕生過程。這過程經過好幾次苦惱的思考過程，有時中斷，有時持續。然而為了裝飾內心，於是用節制、正義、自由和真理來作裝飾。排除肉體的快樂，一心一意照顧自己的靈魂，追求靈魂的獨立。

於是蘇格拉底始終堅持這種異常的信念，他認為人的記憶，不是從出生開始的，而是隨著靈魂永遠活下來，當然也有藏在靈魂裏的記憶，然而卻忘記了。於是藉由問、答和學習，使自己想起這些記憶。

但是，這知識的想起學說，究竟是蘇格拉底的理論，還是柏拉圖的學說，實在很難區分出來，只是因助產術和蘇格拉底有關，因此不能不提。

教師不是教導，而是讓知識產生出來，既然如此，便不是藉由發現新知來加以吸收，而是重新使自己回想起所忘記的東西，並且加以強化，這實在是一個很特殊的教師功用。我們把這技術稱作「助產術」，蘇格拉底的這種教育理想，在現代的教學中，依舊被廣泛的使用著。

永遠的東西（觀念）

影子

陰天時，我們無法看見影子，事實上，影子是太陽所映照出來，而不是原來就存在的。當我們閉上眼睛，在內心中就會產生樹木的形像、人的形像。唯一無法由內心看的，便是影子，影子只能用眼睛來看。

浮現在心中的東西，對人而言是「形狀」，對東西而言則是「影像」。所看過的東西，所想的事，都會產生「見山不是山，見水不是水」的感觸，透過對話的方式，將彼此動人的山水樹木見解，互相傳達。每見過一次，就在心中產生感動，喚起沉睡的記憶，因此，「影子」所代表的聲音便是內心的聲音。

蘇格拉底之所以重視對話，是因為害怕事實在轉眼間消失，因此，要把握住實際的機會，凡事都可以說。我們必須注意這個涵意，並且認定「觀念」，那就是當我們看到太陽、事務和影子時，千萬不要拘泥於太陽，而忽略了隱藏在背後的事務和影子。

影子是相當不顯眼的東西，它是事物為本體所創造出來的，假如沒有太陽的話，那便會和黑暗融為一體。總而言之，如果要蘇格拉底選擇光或影子的話，他一定會選擇光的。因為有了光，才會有一切的東西。以能說明一切東西的源由作為問題，當成人類最重要的思考問題，因此，具有相當的獨立性。

假像

以自然而言，是可以用光、物和影子來加以說明。但是就人而言，卻不能不考慮人類的行動，於是乎產生虛假和真實的問題。真和假，究竟在什麼情況下會成立？

蘇格拉底認為真假的問題產生在人身上，因此，主張探討人類的問題。

大多數人都追求短暫的幸福，其他的事都不足以使他費神，也不知他們究竟付出多少代價取得這幸福。雖然在食衣住行等方面，都過得相當舒適，但是，因為過份注重眼前的幸福，而忽視了真正永久的幸福。

並不是幸福的這個字眼重要，而是由心中所產生的幸福感才是最重要的。不知的不幸和無知的不幸、知的不幸，都是不同的，人在不小心時，容易將虛像和真實攪混，因此，不知道的不幸遠比知道的不幸還糟。

蘇格拉底的把握住時間，過著毫不虛度的生活，為此而努力著。他認為人不會自己喜歡做壞事情，然而人卻會做壞事，甚至有時為了追求善，而在無意間做錯事情。這種善便不是為求利得的善，而是蘇格拉底所強調的人類愛。

善是永垂不朽的，並不像假像，只能短暫地存在著。美也是如此，很少人會將美以醜來取代之，透過醜的對照，才能將美反映出來。虛像是短暫的，是空虛的，明知道這一點，人類還是要追求這短暫的假像，實在是令人百思不解。

然而虛像的另一個意思，便是指名聲、權力和金錢，這是人類俗世中，最容易感染上的。蘇格拉底對這些俗世的引誘，相當的警戒注意。

真實

「影子」和「虛像」只要是可看的見，也有其真正的一面。但是，經過不斷的變化，便會逐漸的消失，我們把這種情形稱之為「現象」。

人類具有強烈的感情傾向，因此，對現象的感覺較弱。但是，該看的東西不看；不該看的東西，卻抵不過好奇心的驅使，而去看了它。很少人學會用心去看東西，透過內心，我們可看出東西的本質。因為看不見「形狀」，於是以理性來觀看。然而理性是必須透過訓練，才能夠擁有的；這一點，首先我們必須保有單純的精神，不為虛像所迷惑。

蘇格拉底對生和死所做的準備，希望靈魂早日離去，進行更深一層的修練。同時，靈魂在獨立之後，不為其它邪魔所侵犯，看見該看的東西。保持單純的精神，繼續加以訓練。

「現象」和「真實」，可以用「影子」和「本質」來加以比擬。看起來彼此好像有關聯，然而少了另一方，卻也可獨立存在。

的確，信念可從行動中，獲得證實。雖然這樣說，究竟有無關聯的必然性？蘇格拉底認為靈魂永遠存在著，因此和現象無緣，只要生命永遠存在著，便以存在靈魂中所存在的東西，作為研究的問題。不管生或死，都會繼續存在下去的，如果真的有這樣的東西存在，那便是「真實」，也可稱為「真理」。

蘇格拉底究竟是怎麼想的呢？

理想

不管是什麼真理，都免不了發生變化。所謂的變化，是從某一個狀態變成另一個狀態，因此，真理無法繼續存在，因為它有變和不變的顧慮，蘇格拉底常被詢問靈魂是否存在的問題。於是，話題便從「靈魂是否永遠環繞著我們」展開，也就是為什麼蘇格拉底一直強調「不管何時、何地，一定不斷的求知、愛知」的實現行為。

不放棄「愛知者」的生活方式，便是蘇格拉底所想表示的。蘇格拉底不論在什麼遭遇下，仍堅決不放棄「哲學家」和「哲人」的身分，他是不是有研究的對象，因此，進行清苦的生活呢？或是單純是因為愛知的精神所催使？我們無從考究。哲學和對象的問題，往往在於從事於它的人，其精神的純潔性，而其純潔性程度，影響這個人的人品和內涵，蘇格拉底便是最著名的典範。

就蘇格拉底而言，「繼續存在」——也就是死去具有二種意義：

其一，不放棄哲學的精神，並且和靈魂不滅，連接在一起，那種理想能被追求，也代表著永遠。

另一個意思是，在理想的世界，只有從內心才可看到不滅的東西，經常不變且存在，透過質問和回答的方法，才可獲得，譬如說「人一定會死」，不管是誰來回答，也無法否定這個答案。

人會死的觀念，一定不會有變化。正如一加一等於二的道理那麼清楚明白。但是，蘇格拉底卻對這些已被認定不會有變化的事，加以考量。

像一加一為何變成二？而將二分為兩個一，又代表什麼意思呢？當然他並不懷疑答案的結果，只是針對過程和形成加以思考。於是，亞里斯多德主張「定義」是由蘇格拉底所確立的，應是很顯而易見的道理。

最後的啟示

人類的典型

只要看過『蘇格拉底的辯白』的人，就算沒有完全看完，只有閱讀過數行，便可和他在精神和肉體合而為一，發現自己被他引導進入決意，並且一輩子也無法忘記。那麼，這裏所謂的「決意」和「記憶」，究竟是什麼意思呢？

蘇格拉底的哲學成為人類的典型，他的哲學是在沉睡中被喚醒的，在廣大的天地裏到處旅遊著，並且為著新鮮的感覺而雀躍著。懷著對未來的不安，和未來的期待，彼此交雜在一起，就算在中途遇到挫折，仍舊展開優異的人生，無論如何都需有個決定，就稱為決意。

被逆境所困擾的人，便會產生面對的勇氣。正如被不正的事所環繞時，會產生為正義而戰的力量，我們常可看見。當然如果自己懦弱、退縮，在人生的末日時，就像落下的太陽一樣，只有殘餘的光輝。

想起蘇格拉底的偉大，在他死亡時，不僅沒有名氣，也沒有金錢，在不自由的狀況下，被命運所遺棄，而遭受沒落的命運。

對自己絕不輕易放棄，這不屈的精神，不只因營養充分的飲食生活所形成，同時還必需深深的體會。就像肥豬不如瘦豬那般，容易將蘇格拉底的智慧深深地刻在內心中。人生活在世，常被教導刻在墓碑銘的行動。

人的理想和現實，在蘇格拉底的語言和行動中，常被毫不保留的刻劃下來；因此，如果蘇格拉底活在現代，那他會主張什麼呢？

不用我們提示，就可知道，蘇格拉底給我們的啟示便是「過著哲學的人類典型生活的人」，就是他給我們的最後暗示。

人類愛

閱讀過『克利多』的人，會深深的體悟到人類關係的密度和友情，究竟是為何物？尤其是專一的人類愛和友情的激流，究竟如何付出和給與，讓人產生領悟呢？

人不管有什麼過去，被逼到最後場面時，或看見死亡時，究竟會激起怎樣的感情，產生救助的心理呢？大多數的人，會緊抓住救助者的手，對死亡作最後的掙扎。

蘇格拉底表現出相反的態度，因為他的過去一直滿佈黑雲，而他現在卻清澈無比，於是他向未來招來了死亡，在他人勸他逃亡時，不僅努力的說服他人放棄這個計劃，更讓人最後只好把手放回原位，低著頭謙虛著。

不像他粗魯的外表，他具有人類內心深深的洞察力，能將事情冷淡且諷刺的表現出來，同時重重的撼動人的內心，不被他驚動的人實在很少。對於正義的實現和不正之事的挑戰精神，加以訓練。從『饗宴』中，就可看出他所表示愛的人的緣故。

愛的「方式」雖然不變，但追求的方式卻改變了，也就是目標不變，過程卻產生了變化。因此，愛的原型與其說是創造出來，倒不如說原本就有，只是無法從肉眼看到，於是愛情和慈愛常常混淆在一起。相信沒有一個人，不希望得到至美至善的愛吧！蘇格拉底的愛，可能就是人類的一般愛吧！

「肉體的愛」、「同性的愛」、「純粹的愛」，都是人類對愛的表示方法，從肉體的束縛中獲得解放，朝中性且透明的愛提升自己。愛的過程，便是彼此互相吸引，對愛本身也不例外。於是，這裏所謂的愛的「形狀」，便是理想，因為美和善完全調和，人本身不能成為愛的原型，知識和愛是無法追求夠的，因此我們必須永遠保持追求的態度，尋找愛的蹤影。

蘇格拉底認為追求知識的愛和對人類的愛，應該是合而為一的，這才合乎理想。愛在他的行動中，具體的表現出來，雖然自己無法看見，但是，全被別人看在眼裏。

死的先驅

閱讀過『克利多』的人，對人類死亡的定義，或許會有了別種看法，想要在活著時做自己想做的事，是多麼的重要，又多麼不容易，打從內心學習。

死的獲得，並不是放棄生存，而是在活著時，將死看的很尋常，而讓自己的眼睛、嘴巴、心、和身體有如聽交響樂般，一樣的暢快！

不僅僅是生存，良好的生活典型，不斷的被現代化，看穿行動的軌道，經常將這行動以言語加以說明，這就是蘇格拉底的人生。

透明的精神，使自己作出死的決斷，以語言方式進行，才可以得到解脫。蘇格拉底並不是死心，因受感情的衝擊，因此選擇死亡。賭注他的人生，做好死亡的準備，將有關全部行動的語言，逐漸的挑出。死亡的逼近，雖然人免不了死，但很少人可以將生和死作交換，作出這樣的決意。蘇格拉底的哲學人生，可說是「死的先驅的規範」，這決不可說是自殺。

哲學和言語

真的言語和行動，絕對無法用文字描寫出來的，行動被語言所驅使，會產生行動的語言，至於這個人的言語是否會流芳百世，這又另當別論。但是，話既已說出，卻是相當的打動人心。

蘇格拉底的語言，並沒有被人強制固定下來，因此，不會毫無變化、凍解，於是使柏拉圖的哲學，重現於人類面前。

蘇格拉底的語言，以柏拉圖為媒介，充分的展現在別人面前。但是，他們以師徒關係的哲學本質，創立了許多言語作品的傑作。哲學的表現方法，很少有人會以行動表示，像蘇格拉底這樣的人實在很少，也就是「不根據語言的哲學」的典型示範。

蘇格拉底的思想，在柏拉圖以後，完全是靠著語言來傳遞，蘇格拉底是對話的高手，他開創了辯證法之路，利用他所發現的歸納法，加以定義。同時也經過柏拉圖、贊諾芬和亞里斯多德加以證實。

紀元前三九九年，蘇格拉底和其他的哲學家都步入危險的時候，只有蘇格拉底被處死刑，這是不可動搖的事，而其他的哲學家則全部逃到國外了。

沒有比死更重的行動了，如果將哲學和語言，以語言和行動取代之，只要行動佔優勢，才可收回哲學，這個哲學由蘇格拉底加以暗示之。

從某個意義來說，在哲學和語言之後，必須以行動來加以證明，並且為我們所傳承。哲學和語言，絕對不會超過行動的，這是蘇格拉底所傳下來的真理。

蘇格拉底的遺產

希臘哲學的黎明

紀元前三九九年，蘇格拉底死後，希臘哲學便多方面的展開。這不僅限於哲學，從對人心和其他的影響觀點來看，等於是為全世界文明敲起了鐘聲。

在偉大的人死後，愈來愈發揮他個人的價值，從另一個角度來看，實在是令人悲傷的事實。

蘇格拉底當然也不例外，縱使他運用說話的技巧，說明理由，但依舊無法阻止「悲劇的誕生」。然而這並不影響他的功績，也不因他的死而無效。人有對貴重東西珍視，和丟棄無益東西的習性，這種習性是在不知不覺中感染的，問題是很多哲學家在生前，無法發現自己本身的價值，並且加以活用。這種愚蠢，至今仍使許多哲學家和科學家步入悲劇的劇情中。

柏拉圖竭盡其力的想要挽回同時代，被愚蠢的人們所陷害，踏入死亡之路的蘇格拉底的生命。以哲學家的身分，將「蘇格拉底以前」、「蘇格拉底以後」的言語，活生生的呈獻在我們的眼前。

將希臘哲學的內容加以區分，推向哲學史的方向的命運，是柏拉圖和亞里斯多德的功績；但假使沒有蘇格拉底的出現，大概就不會有這樣的結果吧！

蘇格拉底的第一份遺產，就是啟發了柏拉圖；又過了不久，引發亞里斯多德哲學的誕生。亞里斯多德的哲學，雖偏向愛奧尼爾（Ionia）的自然哲學傳統，並不是和蘇格拉底直線相連的，但追朔其根源，我們可知，對柏拉圖理想論的批評，就是他思想的出發點。

柏拉圖並不是在早期便和蘇格拉底的哲學訣別的，柏拉圖、蘇格拉底和亞里斯多德，在這三個人中間，有一條曲線串聯著，因此蘇格拉底的死，可說是希臘哲學的黎明。

更進一層的，蘇格拉底雖暗示了哲學的冰凍之路，同時也為解放哲學作好一切的準備，像「小蘇格拉底派」便是代表。而愛比康洛斯派也受到蘇格拉底的影響，根據道德的教示、道德的讚賞等，都是蘇格拉底無數的遺產。哲學的冰結，正意謂著哲學的完成，借著柏拉圖和亞里斯多德之手來完成之。

由於蘇格拉底的決定方向，哲學被凍結在「觀念之城」和「形而上學」這二者之間，但這只是單一的見解。如果能自己充足和克己忍耐，便可能完成「意識的自由」，發現蘇格拉底的哲學之路。

道德之父

蘇格拉底是依舊活著的人，是思想和行動的人，絕不是只在書房的人，他將自己解放在人群之中，在這場合中的哲學，可能就是倫理學上的哲學，好像形成極限一般。這也是蘇格拉底被稱為倫理之父的原因。

哲學的表現形式，限定在行動上時，是否會超越時空，形成像蘇格拉底這樣的人呢？仍是一個問題。但是，其中的一個原因，是絕難再找出像蘇格拉底這樣的人的。

雖然當時的雅典，存有城市國家的制約，他是表示人類的關連，而這關聯便是基於人類共通廣場的發現，假如只是行動，而沒有言語的話，是無法越過當時的制約，和城市國家的城牆的。「城市國家的人類倫理學」，是無法越過的；那便是有國家才有個人，並不是有個人才有國家的。但是，蘇格拉底的道德觀，是將國家和個人融合為一，而成為永遠的世界。

信念和行動的一致，就是知行合一，將觀和行加以結合，從某種意義上說，便是人類生活的理想。當然，觸犯了城市國家的國法，會招來死刑，但觀念、實踐和制作合而為一的人生，是蘇格拉底終其一生想要完成的人類理想。於是在他的行動和說話中，便和神祇直接相連，強調永遠不滅的靈魂。

雖然蘇格拉底的想法，可以被人所理解，但是，卻超過人類所能思考，具有相當神秘的一面。對死後的世界抱著期待，這是他個人的自由，就宗教上的立場來說，卻不能將這樣的人歸為貪婪的選擇。

蘇格拉底所想表達的是，至死不悔的選擇，將生化為死的準備，這樣的說法相信大家都會接受的。知和行都是以優秀的性質為基礎，這也是「道德之父」，以無知的自覺為前題，留下可能性的發展餘地給後人。

人類的警鐘

蘇格拉底在追求幸福，這一點和我們是相同，然而，蘇格拉底卻用死亡來作交換。我們究竟要拿什麼來和死交換呢?關於這個問題，雖然目標是相同，並且只有一個，但是，解決的方法卻有很多種。

我們是要用生來交換，或是用死來交換呢？

認為生就是一切的人，死後是不會有任何的期待。死後追求某事或死後希望避開某事的人，在他活著的時候，一定都是在談論超乎人間的事。這二種人的共通點，都是以「生」為中心。

「幸福」是「富裕生活」的別名，又因人而異地轉變成其他名詞，富裕的生活，有心理的富足、金錢和物質的滿足。蘇格拉底的富裕幸福方向，和柏拉圖、亞里斯多德的方向，也和「大蘇格拉底派」和「小蘇格拉底派」的方向相同，都是在追求學問和人生的論點的。

「意識的充分自由」和「理想」二種方向，到底那一個比較接近蘇格拉底？實在很難決定。因為這是現實和永遠的世界，彼此互相對立，成為追求「幸福的問題」的對立觀點。

愛知、求知，提升自己優越的精神，過良好的生活，這些問題就蘇格拉底的說法，實現的最短距離，就是靈魂的本質。對死的獲得，便成了他的最大課題。

於是警笛響起了，人活著時，家庭的平和是最大的要素，如果無法擁有和平的家庭，寧可放棄家庭。

如果工作是生活的手段，蘇格拉底又會有什麼看法呢?然而，國家步入危險的環境中，便會招來家庭的危險，甚至個人身體的傷害。

首先，人類必須了解「個人的存在」和「公共的存在」，佔有同樣重要的地位，無法分出高低，蘇格拉底因此發現了「共通的理性」，那就是國家和個人是彼此相輔相成，缺一不可的。

蘇格拉底年譜

西元	年齡	年譜	成為背景的社會事件和參考事項
前四七〇～四六九年		蘇格拉底誕生於雅典的愛羅匹格區，父親索羅尼克斯是一位石匠或雕刻師，母親菲安娜蕾蒂傳說是一位助產婦。這是撒拉密斯海戰，雅典打敗波斯軍後十年。	此時的雅典，經過長期的立法和民主政治作為基礎，在（前五〇八～五〇七年）伯利克雷斯的領導下，從事政經的改革，迎接黃金時代的到來。
四六五	四		雅典在（前四七八年）將二百國上的小國聯結起來，成為提諾斯同盟。阿提加在此時成為盟國、軍事、政治和經濟的中心，打敗波斯所支配的勢力圈。
四六一	八	在愛奧尼亞市庫拉索美奈出生的哲學家，亞拿薩哥拉斯住進雅典。	
四六〇	九	歷史家赫羅多特斯誕生。	

前四五六～四五五	十三～十四	希臘三大悲劇詩人——愛斯基羅斯逝世。	雅典的長城被修復。
四五二	十七	蘇格拉底拜阿爾克勞斯為師，前後達十二～十五年。	
四五〇	十九	亞拿薩哥拉斯離開雅典。	
四四九	二十	蘇格拉底開始關心自然哲學的研究，並且有強烈的求知慾。	雅典的國力充實，迎接伯利克雷斯的黃金時代，建立神殿。
四四八	二一		波斯戰爭的結束。
四四五	二四	蘇格拉底正式成為阿爾克勞斯的徒弟，而喜劇作家阿里斯多芬尼斯出生。	
四四一～四四〇	二八～二九	遠征薩摩斯島，曾有和阿爾克勞斯見面的傳說，但不確實。	
四三二～四二九	三七～四十	蘇格拉底參加巴魯貢城市的波提戴亞戰爭，在那獲得勇士的稱號。	
四三一	三八		雅典和斯巴達之間的戰爭開始。

年	歲	事蹟	時事
前四三〇年	三九歲		斯巴達的同盟軍再度入侵雅典，爆發伯羅奔尼撒戰爭，此時雅典也正流行傳染病。
四二九～四二八	四十～四一	蘇格拉底自波提戴亞戰爭中歸來，並且不再研究自然，而轉為研究人類。對凱利鋒帶回的「阿波羅神的神託」、「不知的知」和「無知的知」，在市場、街頭、公園、體育場開始和人辯論，以求有更進一步的認識。伯利克雷斯死去。	雅典走向衰亡。
四二七	四二	柏拉圖誕生。	
四二五	四四	歷史家赫羅多特斯去世。	
四二四～四二三	四五～四六	參加戴利旺戰爭，蘇格拉底以重裝兵的身分參加，表現沈著、冷靜和勇敢。	
四二三	四六	阿里斯多芬尼的喜劇在雅典上演──『雲』，將蘇格拉底視為一個詭辯主義者般的諷刺。	
四二二	四七	蘇格拉底參加北部重要都市的保衛戰──安費伯里斯戰役。	

前四二一年	四八	「尼奇亞斯的和平」。	伯羅奔尼撒戰爭的結束，主戰派抬頭。
四一九	五十	蘇格拉底和妻子贊提普結婚。	
四一六	五三	根據普羅道格拉斯的判定，悲劇詩人阿拉通在悲劇競賽中獲勝。	
四一五	五四		亞基比耳德遠征失敗，並且在被召回接受審判的途中，逃亡至斯巴達。
四一三～四〇四	五六～六五		伯羅奔尼撒戰爭持續的進行，雅典帝國面臨崩潰。
四〇八	六一		雅典市民歡迎亞基比耳德的歸來。
四〇七	六二	和柏拉圖第一次見面，當時柏拉圖二十歲，或許他們彼此以前就認識。此時正是詭辯主義者的活躍時期。	
四〇六～四〇五	六三～六四	蘇格拉底擔任政務審議會的執行委員，對阿基紐西島事件，為唯一持有反對意見者。希臘三大悲劇詩人——優里披底斯死亡。	雅典海軍在阿爾紐西群島，打敗斯巴達大軍。

前四〇四年	六五歲	蘇格拉底被叫到獨裁本部，和其他四人一起聽令去抓李恩，但蘇格拉底因其不合法，而不加以理睬，獨自一人回家。李恩的逮捕事件，在柏拉圖心中留下深刻的印象，並且感到異常的憤怒，當時柏拉圖二十三歲。	雅典無條件投降，將近三十年的戰爭結束。三十人的獨裁政治出現。亞基比耳德謀殺事件。
四〇三～四〇二	六六～六七		三十人獨裁政治的崩潰，恢復民主政治。
四〇〇	六九	偉大的歷史家蘇西德地斯逝世。	
三九九	七十	柏拉圖二十八歲時，被民主黨的安紐托斯、辯論家李康和詩人米利特斯三人告上法庭的蘇格拉底，做過無罪的辯論和二次五百人的陪審員裁判的投票，確定成為死刑，同年的二月至三月，飲藥自盡。柏拉圖在此時對哲學產生了另一個境界，於是出外旅遊，希望「用自己的眼睛」來看東西。	

大展出版社有限公司
品冠文化出版社

圖書目錄

地址：台北市北投區（石牌）
致遠一路二段 12 巷 1 號
郵撥：01669551＜大展＞
19346241＜品冠＞
電話：(02) 28236031
28236033
28233123
傳真：(02) 28272069

・熱門新知・品冠編號 67

1.	圖解基因與 DNA	（精）	中原英臣主編	230 元
2.	圖解人體的神奇	（精）	米山公啟主編	230 元
3.	圖解腦與心的構造	（精）	永田和哉主編	230 元
4.	圖解科學的神奇	（精）	鳥海光弘主編	230 元
5.	圖解數學的神奇	（精）	柳 谷 晃著	250 元
6.	圖解基因操作	（精）	海老原充主編	230 元
7.	圖解後基因組	（精）	才園哲人著	230 元
8.	圖解再生醫療的構造與未來		才園哲人著	230 元
9.	圖解保護身體的免疫構造		才園哲人著	230 元
10.	90 分鐘了解尖端技術的結構		志村幸雄著	280 元

・名人選輯・品冠編號 671

1.	佛洛伊德	傅陽主編	200 元

・圍棋輕鬆學・品冠編號 68

1.	圍棋六日通	李曉佳編著	160 元
2.	布局的對策	吳玉林等編著	250 元
3.	定石的運用	吳玉林等編著	280 元

・象棋輕鬆學・品冠編號 69

1.	象棋開局精要	方長勤審校	280 元

・生活廣場・品冠編號 61

1.	366 天誕生星	李芳黛譯	280 元
2.	366 天誕生花與誕生石	李芳黛譯	280 元
3.	科學命相	淺野八郎著	220 元
4.	已知的他界科學	陳蒼杰譯	220 元
5.	開拓未來的他界科學	陳蒼杰譯	220 元
6.	世紀末變態心理犯罪檔案	沈永嘉譯	240 元

7.	366 天開運年鑑	林廷宇編著	230 元
8.	色彩學與你	野村順一著	230 元
9.	科學手相	淺野八郎著	230 元
10.	你也能成為戀愛高手	柯富陽編著	220 元
11.	血型與十二星座	許淑瑛編著	230 元
12.	動物測驗—人性現形	淺野八郎著	200 元
13.	愛情、幸福完全自測	淺野八郎著	200 元
14.	輕鬆攻佔女性	趙奕世編著	230 元
15.	解讀命運密碼	郭宗德著	200 元
16.	由客家了解亞洲	高木桂藏著	220 元

・女醫師系列・品冠編號 62

1.	子宮內膜症	國府田清子著	200 元
2.	子宮肌瘤	黑島淳子著	200 元
3.	上班女性的壓力症候群	池下育子著	200 元
4.	漏尿、尿失禁	中田真木著	200 元
5.	高齡生產	大鷹美子著	200 元
6.	子宮癌	上坊敏子著	200 元
7.	避孕	早乙女智子著	200 元
8.	不孕症	中村春根著	200 元
9.	生理痛與生理不順	堀口雅子著	200 元
10.	更年期	野末悅子著	200 元

・傳統民俗療法・品冠編號 63

1.	神奇刀療法	潘文雄著	200 元
2.	神奇拍打療法	安在峰著	200 元
3.	神奇拔罐療法	安在峰著	200 元
4.	神奇艾灸療法	安在峰著	200 元
5.	神奇貼敷療法	安在峰著	200 元
6.	神奇薰洗療法	安在峰著	200 元
7.	神奇耳穴療法	安在峰著	200 元
8.	神奇指針療法	安在峰著	200 元
9.	神奇藥酒療法	安在峰著	200 元
10.	神奇藥茶療法	安在峰著	200 元
11.	神奇推拿療法	張貴荷著	200 元
12.	神奇止痛療法	漆 浩 著	200 元
13.	神奇天然藥食物療法	李琳編著	200 元
14.	神奇新穴療法	吳德華編著	200 元
15.	神奇小針刀療法	韋丹主編	200 元

・常見病藥膳調養叢書・品冠編號 631

1.	脂肪肝四季飲食	蕭守貴著	200 元
2.	高血壓四季飲食	秦玖剛著	200 元
3.	慢性腎炎四季飲食	魏從強著	200 元
4.	高脂血症四季飲食	薛輝著	200 元
5.	慢性胃炎四季飲食	馬秉祥著	200 元
6.	糖尿病四季飲食	王耀獻著	200 元
7.	癌症四季飲食	李忠著	200 元
8.	痛風四季飲食	魯焰主編	200 元
9.	肝炎四季飲食	王虹等著	200 元
10.	肥胖症四季飲食	李偉等著	200 元
11.	膽囊炎、膽石症四季飲食	謝春娥著	200 元

・彩色圖解保健・品冠編號 64

1.	瘦身	主婦之友社	300 元
2.	腰痛	主婦之友社	300 元
3.	肩膀痠痛	主婦之友社	300 元
4.	腰、膝、腳的疼痛	主婦之友社	300 元
5.	壓力、精神疲勞	主婦之友社	300 元
6.	眼睛疲勞、視力減退	主婦之友社	300 元

・休閒保健叢書・品冠編號 641

1.	瘦身保健按摩術	聞慶漢主編	200 元
2.	顏面美容保健按摩術	聞慶漢主編	200 元

・心 想 事 成・品冠編號 65

1.	魔法愛情點心	結城莫拉著	120 元
2.	可愛手工飾品	結城莫拉著	120 元
3.	可愛打扮 & 髮型	結城莫拉著	120 元
4.	撲克牌算命	結城莫拉著	120 元

・少 年 偵 探・品冠編號 66

1.	怪盜二十面相	（精）	江戶川亂步著	特價 189 元
2.	少年偵探團	（精）	江戶川亂步著	特價 189 元
3.	妖怪博士	（精）	江戶川亂步著	特價 189 元
4.	大金塊	（精）	江戶川亂步著	特價 230 元
5.	青銅魔人	（精）	江戶川亂步著	特價 230 元
6.	地底魔術王	（精）	江戶川亂步著	特價 230 元

8. 怪人四十面相	（精）	江戶川亂步著	特價 230 元
9. 宇宙怪人	（精）	江戶川亂步著	特價 230 元
10. 恐怖的鐵塔王國	（精）	江戶川亂步著	特價 230 元
11. 灰色巨人	（精）	江戶川亂步著	特價 230 元
12. 海底魔術師	（精）	江戶川亂步著	特價 230 元
13. 黃金豹	（精）	江戶川亂步著	特價 230 元
14. 魔法博士	（精）	江戶川亂步著	特價 230 元
15. 馬戲怪人	（精）	江戶川亂步著	特價 230 元
16. 魔人銅鑼	（精）	江戶川亂步著	特價 230 元
17. 魔法人偶	（精）	江戶川亂步著	特價 230 元
18. 奇面城的秘密	（精）	江戶川亂步著	特價 230 元
19. 夜光人	（精）	江戶川亂步著	特價 230 元
20. 塔上的魔術師	（精）	江戶川亂步著	特價 230 元
21. 鐵人Q	（精）	江戶川亂步著	特價 230 元
22. 假面恐怖王	（精）	江戶川亂步著	特價 230 元
23. 電人M	（精）	江戶川亂步著	特價 230 元
24. 二十面相的詛咒	（精）	江戶川亂步著	特價 230 元
25. 飛天二十面相	（精）	江戶川亂步著	特價 230 元
26. 黃金怪獸	（精）	江戶川亂步著	特價 230 元

·武 術 特 輯· 大展編號 10

1. 陳式太極拳入門	馮志強編著	180 元
2. 武式太極拳	郝少如編著	200 元
3. 中國跆拳道實戰 100 例	岳維傳著	220 元
4. 教門長拳	蕭京凌編著	150 元
5. 跆拳道	蕭京凌編譯	180 元
6. 正傳合氣道	程曉鈴譯	200 元
7. 實用雙節棍	吳志勇編著	200 元
8. 格鬥空手道	鄭旭旭編著	200 元
9. 實用跆拳道	陳國榮編著	200 元
10. 武術初學指南	李文英、解守德編著	250 元
11. 泰國拳	陳國榮著	180 元
12. 中國式摔跤	黃　斌編著	180 元
13. 太極劍入門	李德印編著	180 元
14. 太極拳運動	運動司編	250 元
15. 太極拳譜	清·王宗岳等著	280 元
16. 散手初學	冷　峰編著	200 元
17. 南拳	朱瑞琪編著	180 元
18. 吳式太極劍	王培生著	200 元
19. 太極拳健身與技擊	王培生著	250 元
20. 秘傳武當八卦掌	狄兆龍著	250 元
21. 太極拳論譚	沈　壽著	250 元

國家圖書館出版品預行編目資料

蘇格拉底／傅　陽主編
－初版－臺北市，品冠，民 95
面；21 公分－（名人選輯；3）
ISBN 978-957-468-498-4（平裝）
1.蘇格拉底（Socrates, 469-399 B. C）一傳記
2.蘇格拉底（Socrates, 469-399 B. C）一學術思想一哲學
141.28　　95018398

蘇格拉底

ISBN-13：978-957-468-498-4
ISBN-10：957-468-498-9

主 編 者／傅　陽
發 行 人／蔡 孟 甫
出 版 者／品冠文化出版社
社　　址／台北市北投區（石牌）致遠一路 2 段 12 巷 1 號
電　　話／(02) 28233123・28236031・28236033
傳　　真／(02) 28272069
郵政劃撥／19346241(品冠)
網　　址／www.dah-jaan.com.tw
E-mail／service@dah-jaan.com.tw
承 印 者／國順文具印刷行
裝　　訂／建鑫印刷裝訂有限公司
排 版 者／千兵企業有限公司
初版1刷／2006 年（民 95 年） 12 月

定　價／200 元